Unter dem Kardamond ist erstmals erschienen in: Maik Martschinkowsky, *Von nichts kommt was*, Voland & Quist 2014

2. Auflage 2016

Verlag Voland & Quist GmbH, Dresden und Leipzig, 2015
© by Verlag Voland & Quist GmbH

Korrektorat: Annegret Schenkel
Umschlag: Roman Klein
Coverillustration: BTSA
Illustrationen: Astrid Henn
Satz: Fred Uhde
Druck und Bindung: CPI books GmbH, Leck - Germany

www.voland-quist.de

Bühne 36

Über Arbeiten und Fertigsein

Das unvollendete Standardwerk
des real existierenden Humors, Bd. 1

Historisch-kritische Ausgabe

Verlag Voland & Quist

INHALT

Marc-Uwe Kling

VX 2000

Die Heizung ist kaputt. Es ist kalt. Sehr, sehr kalt.
»Guck mal! Ich bin eine Nebelmaschine«, sage ich und atme aus.
»Ich habe gestern schon einen Handwerker bestellt«, sagt das Känguru.
»Du hast was?«, frage ich verstört.
Da klingelt es an der Tür.
Aus Reflex öffne ich und stehe verdutzt einem Schnurrbartträger im Blaumann gegenüber. In Anbetracht der etwas eingelaufenen Arbeitskleidung und der wirklich exorbitanten Oberlippenbehaarung sollte ich vielleicht lieber sagen: einem Blaumannträger im Schnurrbart.
»Ronny der Name. Ick komm wejen die Heizung.«
Ich blinzle.
»Der Handwerker!«, sagt der Mann.
Ich kreische und werfe die Tür zu.
»Was geht'n?«, fragt das Känguru.
»Ich leide an einer Tekhnítēphobie«, sage ich leise.
»Was?«, fragt das Känguru.
»Panische Angst vor Handwerkern.«
Es klingelt wieder an der Tür.
Ich kreische und verstecke mich hinter dem Känguru.
»Der Handwerker hier«, ruft der Mann.
Es klingelt.
Ich kreische.
Das Känguru öffnet. Ich wende mich zur Flucht, stolpere wegen einem etwa suppentellertiefen Loch in den Dielen, rapple mich auf, renne ins Band und sperre mich ein. Erleichtert setze ich mich auf den Toilettendeckel, schließe die Augen und begebe mich auf eine mentale Reise zu meinem Happy Place. Es ist das Bällebad im Textileinkaufszentrum »Rentner-Kleidung«. Plötzlich klopft jemand an die Badezimmertür. Ich kreische.
»Ich bin's nur«, flüstert das Känguru.

Ich öffne, lasse das Känguru herein und schließe sofort wieder ab.

»Isser weg?«, frage ich.

»Nein«, sagt das Känguru. »Er arbeitet an der Heizung. Was soll denn der Quatsch?«

»Handwerker verunsichern mich.«

»So?«

»Ja. Zum Beispiel bilden sie oft Sätze, in denen sie statt ›ich‹ als Subjekt ›die Firma‹ benutzen.«

»Das ist ja entsetzlich.«

»Oder«, sage ich, »ist dir schon mal aufgefallen, dass Handwerker immer Koffer mit unzähligen undefinierbaren Metallgegenständen dabeihaben, aber mit Sicherheit nicht das Teil, welches sie benötigen?«

»Wirklich beängstigend.«

»Manchmal habe ich Albträume, dass ich verflucht sei, mein ganzes Leben lang einen Handwerker in der Wohnung zu haben. Da habe ich dann niemals mehr meine Ruhe. Will ich spülen, dreht er das Wasser ab. Mache ich den Fernseher an, knallt er die Sicherungen raus. Immerzu stöbert er durch die Wohnung, verlegt Rohre, dreht hier was, fummelt dort was, ohne freilich auch nur ein Wort darüber zu verlieren, was er denn tut, oder ob er überhaupt etwas tut – außer natürlich mit jeder Geste zu verstehen zu geben: ›Du bist keen richtiga Mann. Richtige Männer brauchn mir jar nich.‹«

»Dein Albdruckhandwerker spricht Dialekt?«, fragt das Känguru.

»Alle Handwerker sprechen Dialekt.«

»Sogar in Hannover?«

»Natürlich. Die werden extra in Friesland gezüchtet.«

»Und diese Phobie hast du von Geburt an, oder gab es da irgendeinen Auslöser?«

»Sagen wir mal, es gab ein verstärkendes Erlebnis. Als ich hier eingezogen bin, da wollte ich natürlich wie jeder zugezogene Neuberliner …«

»… die Dielen abschleifen«, sagt das Känguru.

»Korrekt. Und zufälligerweise war ein Handwerker des Vermieters im Haus gewesen, dem hatte ich das erzählt, und am Tag darauf stellte der mir einen Koffer vor die Füße und sagte: ›Is ne janz normale VX 2000. Is ja bekannt, wie man damit umjeht.‹«

»War aber gar nicht bekannt.«

»Nee. Handwerker sind von einer faszinierenden Arroganz allen gegenüber, die nicht ein fünfstöckiges Fachwerkhaus nur mit ihren eigenen Händen bauen können«, sage ich. »Jedenfalls folgte nun seinerseits eine dahingerotzte Aufzählung hundert verschiedener Handgriffe, von der bei mir ungefähr Folgendes hängen blieb: ›Hier das und dort dies und jenes machen, diesen Regler schieben, dann jenen und dann wieder nen anderen und dann das Gerät aufdrücken, doch nicht zu stark, aber auch nicht zu schwach, und kreisen, bloß nicht zu rund und nicht zu groß, jedoch auch nicht zu klein, sondern halt genau richtig, und überhaupt ganz einfach.‹ Ich hatte nichts verstanden, aber gesagt habe ich: ›Ah klar, ne ganze normale VX 2000. Kennt ja jeder.‹«

Der Handwerker klopft gegen die Badezimmertür.

Ich kreische.

»Das ist ja wie in *The Shining*«, sagt das Känguru belustigt. »Gleich wird er seine Axt aus dem Handwerkerkoffer holen und …«

»Hier is Ronny!«, ruft der Handwerker.

Ich kreische.

»Hörnse?«, fragt Ronny.

»Ja?«, fragt das Känguru und verlässt das Bad. Ich schließe sofort wieder ab.

»Det is een kleenerer Defekt«, sagt Ronny. »Det müsstense eigentlich selber reparieren können. Aba ick mach det natürlich für Sie. Bloß ick brauch da so en 8er Kreuzkopfquerstrebeventil …«

»Ich wusste es«, murmle ich.

»So en Teil, det hab ick leider nich bei mir.«

»Schon klar«, sagt das Känguru.

»Aber ick stell Ihnen schon mal die Heizung wieder ein. Wann stehnse denn uff?«

»Wieso?«, fragt das Känguru

»Na weil die Heizung muss ja wissn, wann se losbollan soll.«

»Ah ja«, sagt das Känguru. »So um halb neun.«

»Un werktags?«, fragt Ronny.

Das Känguru schweigt. Der Handwerker schnaubt. Dabei hat das Beuteltier schon extra gelogen.

»Sie haben eine ungesunde Einstellung zum Thema Ausschlafen«, sagt das Känguru.

Der Handwerker klopft gegen die Badezimmertür. Ich kreische.

»Sie da drinne? Wollense wirklich nich rauskommen? Ick brauch nämlich noch en Autogramm.«

»Schreiben Sie an meine Agentur«, sage ich.

»Wat? Ick brauch ne Unterschrift! Dat ick hier war.«

»Er hat ein wenig Angst«, sagt das Känguru.

»Wat macht er denn beruflich?«, fragt der Handwerker.

»Kleinkünstler«, sagt das Känguru.

Ich seufze.

»Ick versteh schon«, sagt Ronny. »Es handelt sich hier meiner Meinung nach um den klassischen Minderwertigkeitskomplex des Homo ludens, also det spielenden Menschen, jegenüber dem Homo faber, also dem schaffenden Menschen. Aber wissense … Wie sagte schon Schiller: ›Der Mensch ist nur da janz Mensch, wo er spielt.‹ Ick selber schreibe ja ooch Jedichte und spiele jerne mal die eene oder andere Partie *Dungeons & Dragons*. Vor mir brauchense keene Angst zu ham.«

Ich öffne vorsichtig die Badezimmertür, trete heraus, hole einen Kugelschreiber aus meiner Hosentasche und unterschreibe irgendeinen Wisch.

»Die Firma dankt«, sagt Ronny und steckt meinen Kugelschreiber ein. Plötzlich ruft er: »Momentchen! Ick kenn Sie doch! Sie sinn doch der Clown, dem ick ma die VX 2000 jeliehn hab … Da hamses n weenich zu jut jemeint, wa?«

Ich sage nichts.

»Da werdense wohl nich viel wiedersehn von Ihre Kaution, wa?«

Er lacht.

»Üba Sie hab ick sojar en Jedicht jemacht! Passense uff:

Einst dreht ick meene Runde
Da kam des Wegs een junger Kunde
Wie jeder Zujezojene kriegte der nen Steifen
Beim Jedanken dran, die Dielen abzuschleifen
Ick lieh ihm dafür en jutet Jerät
Und erklärte et ihm, damit er's versteht
Aba die Liebesmüh, die war verlorn
Denn der Kunde wollt jar nicht schleifen, der wollt nach Erdöl
bohrn.«

»Das muss wirklich frustrierend sein«, sagt das Känguru zu mir.
»Sogar dichten kann er besser.«

Julius Fischer

ICH HASSE MENSCHEN
– heute: Moderne Eltern

Je älter man wird, desto mehr Leute aus dem eigenen Umfeld schaffen sich Kinder an. Das war schon immer so, auch in der Steinzeit.

Kindermachen ist neben ins Internet gehen, Musikfestivals besuchen und Autofahren eine der menschlichen Tätigkeiten, die besonders niederschwellig angelegt ist.

Das kann jeder. Deshalb gibt es unter den Eltern auch besonders viele Idioten.

Und die meisten von denen fahren Auto. Und gehen ins Internet. Und auf Festivals. Aber vor allem ins Internet.

Gerade dort ist man ihnen hilflos ausgeliefert.

Analog geht anders. Ein Beispiel: Freunde von mir bekamen ein Kind. Die Geburt war spitze, ich bekam eine SMS, freute mich. Das Kind hielten die beiden aber erst einmal für ein paar Wochen unter Verschluss.

Nach etwa einem Jahr blätterte ich gemeinsam mit diesen Freunden ein Fotoalbum mit Bildern vom Kinde durch. Nach der Durchsicht klappte ich das Album zu und sprach:

»Habt Dank, dass ihr mir das Kind nicht direkt nach der Geburt gezeigt habt. Das war ja unfassbar hässlich.«

Und der Freund antwortete: »Ja, wir hatten auch Schiss, dass es so bleibt. Da wollten wir erst einmal abwarten.«

Und die Freundin antwortete: »Ja, der Kopf war auch irgendwie so alienmäßig lang. So eine Geburt ist schon ein durchaus physikalischer Vorgang.«

Und wir lachten und tranken guten Rotwein und fertig. Keine Details, kein Blut.

Das machen heute leider die wenigsten. Meist twittern oder instagrammen die aufgeregten Eltern direkt aus dem Kreißsaal die freudige Meldung nebst sepiabefiltertem Daumenhoch-Bild: »Endlich ist es da. #längstegeburtever #dammbruch«

Moderne Eltern sind scheiße. Alles wird geteilt, erzählt, ins Netz gestellt ohne Sinn und Verstand.

Der erste Schiss, der erste Zahn, der erste Fernseher.

Ich kann mir sogar vorstellen, dass Leute ihre »Freunde« in sozialen Netzwerken darüber abstimmen lassen, wie ihr Kind heißen soll. Und plötzlich stehen sie da mit ihrer Shanaya Delfin.

Und dann sehen das im Internet einfach viel mehr Menschen. Das Kind wird plötzlich zu einer Person öffentlichen Interesses.

Mir war es schon immer unangenehm, wenn meine Mutter ihren Freundinnen erzählte, dass das mit der Phimose bei mir endlich vorbei ist. Mit vierzehn. Phimose ist eine famose Peniserkrankung, besser bekannt als Vorhautverengung. Klar war es mein größter Wunsch, dass alle Leute, die mich kannten, allen voran die hübschen Freundinnen meiner Mutter, das auch sofort wussten.

»Kommt alle her!«, rief ich. »Schauet und staunet. Seit meine Vorhaut wieder reibungslos funktioniert, liebe ich meinen adipösen pubertierenden Körper noch mehr, und jeder soll daran teilhaben.« #Ironie

Kinder haben ein Recht auf Privatsphäre. Wenn plötzlich jeder teilen kann, wie ein Kind das erste Mal von der Schaukel fällt oder nach dem Zahnarztbesuch und der ersten Vollnarkose im Auto vor sich hin deliriert, dann kommt das Kind vielleicht noch auf den Gedanken, dass es berühmt wäre. Und wird arrogant.

»Hier guck mal, Shanaya Delfin, mein Video, wo ich aufs Sofa pinkle, weil meine Eltern nicht mit mir aufs Klo gehen, sondern mich lieber die ganze Zeit filmen, hat schon dreißig Millionen Klicks.«

Das ist im höchsten Grade gefährlich. Und eine Illusion.

Nicht, dass Illusion generell schädlich wäre. Der Weihnachtsmann zum Beispiel – ist eine Illusion. Aber da verarscht man die Kinder nicht zur eigenen Belustigung, sondern zu deren Freude. Und es ist ein Ding der Familie. Eine Illusion, die irgendwann verantwortungsvoll zum Platzen gebracht wird. Wohingegen die Illusion einer Internet-Öffentlichkeit und damit Relevanz nie zerbrechen wird, weil die Eltern ja selbst daran glauben.

Im echten Leben wird einem das ja irgendwann gesagt mit dem Weihnachtsmann. Oder man erfährt es auf die harte Tour. Indem der Onkel den Weihnachtsmann einfach sehr schlecht spielt. Obwohl er Schauspieler ist. Vielleicht hätte er keinen zu engen roten Ledermantel tragen und sich den Bart von d'Artagnan aus dem Sommertheater ein bisschen besser ankleben sollen. Damals war ich neun. Schweine.

Den Glauben an den Weihnachtsmann verliert man meistens zu Beginn der Pubertät. Oder anders formuliert: Der Verlust des Glaubens an den Weihnachtsmann führt zur Pubertät. In anderen Kulturen gibt es ja so etwas wie Pubertät gar nicht.

Indianer – keine Pubertät. Wer alt genug ist, einen Bogen zu halten, der erschießt halt den Bären.

Es ist ja auch nicht schlimm, das Konzept Weihnachtsmann irgendwann aufzugeben. Es ist sogar wichtig, sonst bleibt man in der Illusion hängen und bekommt Angst davor, dass andere einem diese Vorstellung rauben. #ichhabjanixgegenausländeraberdienehmenuns-dieweihnachtsmännerweg

Ein weiterer furchtbarer Auswuchs des Natalen sind *vagina cakes*, Kuchen in Form der weiblichen Scheide, ein Trend aus den USA. [Der folgende Textabschnitt ist in Ihrem Buch nicht verfügbar. Nicht etwa wegen des Copyrights, es ist einfach zu eklig. Ich wollte nur erwähnen, dass es so etwas gibt. Vielleicht sollte ich besser erwähnen, was es nicht im Internet gibt. Nichts!]

Ich bin für generelles Internetverbot für Eltern. Bis die Kinder aus dem Haus sind. Man fragt sich eh, wo die noch die Zeit hernehmen. Die haben doch mit den Kindern zu tun. Oder ist das mit Eltern so wie mit Musikfans? Vor lauter fotografieren und filmen und posten merkt man gar nicht, was auf der Bühne oder in der Wiege eigentlich vor sich geht, und zack!, schon sind achtzehn Jahre um und das Kind ist weg, steht an irgendeinem Hauptbahnhof und ärgert sich über die gestiegenen Crystal-Meth-Preise.

Vielleicht bräuchte ich auch einfach Internetverbot. Wäre sicherlich gut fürs Herz. Aber wenn man sich nicht im Internet aufhält, trifft man nur noch Leute, die sich auch nicht im Internet aufhalten, quasi aus ideologischen Gründen. #Ökos #ganzheitlicheerfahrung

Da kriegt man dann wieder die andere Seite mit.

Neulich erzählte eine Bekannte, dass Freunde von ihr die Plazenta samt Nabelschnur nach der Geburt am Kind drangelassen hätten, weil das früher auch so war. Denn da hätten die ersten Menschen ja auch nicht gewusst, ob man damit noch was machen könne.

Erschaffen wir vor unserem inneren Auge zwei junge Krieger der Steinzeit, die als Prüfung ihrer Manneskraft ins Gebirge gesandt werden. Ohne Waffen, ohne Essen. Was werden die wohl gemacht haben, wenn Todesgefahr dräute?

»Oh nein, oh nein! Ein Bär, was sollen wir nur tun?«, hätte einer gerufen. Also wahrscheinlich hätte er gerufen: »Hnnnggggg! Uh!«

Und sein Kollege hätte geantwortet: »Ububu!«

Was so viel heißt wie: »Kein Problem, ich hab meine Plazenta dabei, den Bären mach ich fertig!«

Jetzt ist natürlich die Frage, wie konnten diese jungen Krieger die Plazenta über die Zeit konservieren? Das ist ja totes Gewebe, prädestiniert zum Vor-sich-hin-Faulen. Das Verfahren ist sehr einfach und findet auch heute, wie ich nun leider weiß, noch Anwendung: Pökeln. Einfach jeden Tag Salz drauf oder ins Solebad und das Ding hält ewig. #fleurdesel

Vielleicht werden einfach alle Leute verrückt, wenn sie Kinder bekommen. Oder bereits vorhandene Crazyness wird durch Kinder verstärkt. Ich zum Beispiel neige zu übertriebener Empathie. Und bin konfliktscheu. Und liebe Regeln. Nee, Kinder, das wäre nix. Außerdem: Wenn das eh jeder kann, ist es ja nichts Besonderes.

Maik Martschinkowsky

TEENAGE KICKS
Zum Geburtstag des SO36

Es gibt Dinge, die ich meinen Kindern nicht erlauben werde. Dazu gehört, mit sechzehn allein in eine vierhundert Kilometer entfernte Großstadt zu fahren um ein Punkkonzert zu besuchen, und zwar in einem Laden, der vor allem dafür bekannt ist, dass davor ständig Straßenschlachten stattfinden. Genau genommen hatten meine Eltern mir das auch nicht erlaubt. Ich habe ihnen einfach gesagt, ich würde das Wochenende bei meinem Punkerfreund »Dose« verbringen, und der wiederum hat seinen Eltern erzählt, er würde das Wochenende bei mir verbringen. So einfach kann Freiheit sein.

Ich erwähnte, dass mein Punkerfreund »Dose« hieß. Es ist und war schon immer Sitte innerhalb der deutschen Punkkultur, sich seltsame Spitznamen zu geben, so was wie »Zecke«, »Kröte« oder »Spinne«. Kein Mensch weiß, warum. In unserer Clique waren es die Namen von Getränkebehältnissen, die dafür herangezogen wurden. Meine Freunde hießen: »Dose«, »Pulle« und »Eima«, die einzige Frau in unserer Runde war auf den Namen »Tasse« getauft worden. Tasse hatte auch einen kleinen Hund, der hieß »Pinnchen«. Damit waren eigentlich alle uns bekannten Getränkebehältnisse vergeben, außer dem, dessen Name mir feierlich zuerkannt wurde: »Tetra Pak«. Zum Glück verkürzte sich das Ganze recht schnell auf Teti oder einfach Tet, da den ganzen Namen zum einen eh kein Mensch im betrunkenen Zustand aussprechen konnte, und zum anderen, weil alle der Meinung waren, dass ein laut gerufenes »Pak« in manchen Zusammenhängen zu Verwirrungen führen könnte.

Dose und ich verbrachten die Freitagnacht mit Styling – die Eitelkeit des ehrlichen Punks wird oft unterschätzt –, stellten uns am Samstagmorgen an irgendeine Landstraße, die unserer Meinung nach nach Berlin führte, und hielten den Daumen raus. Unser Ziel fest im strahlenden Auge: ein Punkkonzert-Marathon im legendären SO36.

Die erste Hälfte der Strecke verlief überraschend gut, auch wenn es für uns etwas verstörend war, dass wir einen Großteil davon in dem fetten Jaguar eines netten alten Mannes verbrachten, der uns freundlich darum bat, mit unseren Nieten keine Kratzer in die Ledersitze zu machen, ansonsten aber beeindrückend wenig Anstoß an unserer Erscheinung nahm. Vielleicht wollte der Bonze mal n paar Punks schocken. Immerhin schauten an der Raststätte, an der er uns rausließ, ein paar Leute sehr irritiert, als zwei Punks aus der dicken schwarzen Limousine stiegen. Wenigstens etwas.

Nachdem wir uns an der Raststätte mit ein paar Dosen Bier versorgt und die Wachleute abgehängt hatten, standen wir eine Ewigkeit an der Autobahnauffahrt und warteten darauf, mitgenommen zu werden.

»Wir schaffen es nicht!«, jammerte Dose etwa alle zehn Autos, und sein Iro knickte dabei immer traurig nach vorne. – Doses emotionale Verbindung zu seinem Iro war so groß wie dieser hoch.

Als auch ich allmählich resignierte und anfing, darüber nachzudenken, wie es wohl sein würde, das restliche Leben an einer Autobahnraststätte zu verbringen, hielt plötzlich ein kleiner Ford Fiesta vor uns. Die Tür öffnete sich und uns schallte lauter Punkrock entgegen. Ein Typ sprang heraus, gefolgt von diversen Sorten Rauch und Bierdunst. Aus dem Auto strahlten uns vier weitere bunte Vögel an und prosteten uns zu.

»Springt rein!«, rief der Typ, der ausgestiegen war. Doses Iro richtete sich schlagartig auf.

Wir quetschten uns mit auf die Rückbank und Dose versuchte seinen Iro nicht mit den Haarprachten der anderen zu verheddern. Denn drei von ihnen hatten eine ähnlich hohe Frisur wie er und mussten daher den Kopf, wie eben jetzt auch Dose, aus naheliegenden Gründen während der gesamten Fahrt schief halten. So auch die Fahrerin, aber die hatte immerhin mehr Platz.

»Ich bin Stulle«, sagte der Typ auf dem Beifahrersitz, als wir losfuhren, und stellte uns der Reihe nach die anderen vor: »Das sind Schnidde, Brötchen, Knifte, und der da schon wieder eingeschlafen ist, ist der stramme Max.«

»Ich bin Dose«, sagte Dose, »und das ist Tet.«

»Was'n das fürn komischer Name?«, fragte Stulle.

»Eigentlich Tetra Pak«, sagte ich.

»Ach so«, meinte Stulle, »davon kenn ich auch einen. Aber den ganzen Namen kann ja kein Mensch im betrunkenen Zustand aussprechen, deswegen nennen wir den einfach immer Tepa. – Bierchen?«

Jeder bekam eine Dose Bier, die er sich mit den anderen teilte, aus den Lautsprechern dröhnten die Undertones und bis Berlin waren es nur noch zweihundert Kilometer. Diese Fahrt gehört zu den schönsten acht Stunden meines Lebens – wir hatten uns ein paar Mal verfahren und mussten auch ziemlich viele Pinkelpausen einlegen.

In Berlin angekommen, parkten wir irgendwo in Kreuzberg und begaben uns auf die Suche nach dem SO36. Konnt ja nicht so weit sein, schließlich waren wir ja schon in Kreuzberg. Als wir dann zwei Stunden später endlich das SO erblickten, gab es für Dose und mich kein Halten mehr. Wie auf ein unsichtbares Kommando fingen wir gleichzeitig an, die Strophe eines unserer Lieblingslieder zu grölen, was von einem vor dem SO stehenden Grüppchen direkt mit dem passenden Refrain erwidert wurde. Wir rannten bis zur Tür und reduzierten das obligatorische Davorherumstehen und Neue-Bierbekanntschaften-Knüpfen auf ein Minimum. Das Grüppchen, mit dem wir hergekommen waren, wollte noch ein bisschen draußen bleiben, aber Dose und mich zog es magisch in die Katakomben des SO *fucking* 36. Wir stürzten die letzten Dosen Bier, zählten unser Kleingeld, klatschten lachend ab, als wir merkten, dass wir noch mehr hatten, als wir dachten, rannten die Treppe hoch – und endeten vor einem Türsteher, der uns nicht reinließ, weil er meinte, wir wären zu jung. Doses Iro fiel einfach um.

Wir gingen bedröppelt zurück zu unserer Peergroup und erzählten von unserer Misere.

Ein älterer Punk, der sich »Schüssel« nannte, hatte das mitbekommen und sagte: »Soll ick euch ma zeijen, wie man rinkommt, Jungs?«

Doses Iro richtete sich hoffnungsvoll auf. Ich nickte begeistert. Schüssel zuckte mit den Schultern, ging mit dem Bier in der Hand auf die andere Straßenseite, hob mit der freien Hand etwas auf, ging lässig zu einem geparkten Auto und zerschlug damit die Fensterscheibe.

Sofort kam Bewegung in die Leute vor der Tür, einige johlten, andere meckerten, und die Türsteher riefen: »Scheiße, Mann! Kommt ma rein, bevor wieder die Bullen anrücken!«

Wir wurden einfach in dem Grüppchen an den Türstehern vorbeigeschwemmt und mussten nicht mal Eintritt zahlen. Völlig euphorisch liefen wir durch den langen Gang zum Konzertraum und jubelten über unseren Triumph.

Aber als ob das noch nicht genug gewesen wäre, überkam uns beim Betreten des Konzertsaals ein Gefühl von Offenbarung: Hier waren mehr Punks, Skins, Psychobillys, Rude Boys und was es noch so alles gab versammelt, als in unserem ganzen Dorf Einwohner lebten. An jeder Ecke, auf jedem Podest, auf den Boxen, auf der Theke, auf der Bühne und natürlich auf der riesigen Tanzfläche – überall waren dunkelbunte Leute, tanzten, sangen, jubelten, knutschten rum oder hatten auf andere Weise Spaß, während in angenehm unerträglicher Lautstärke grade die Adicts aufspielten.

»Das ist der Himmel!«, sagte Dose, dessen Iro ein bisschen zu wachsen schien.

»Punkeluja!«, bestätigte ich, und wir holten uns erst mal Bier. Dann stürzten wir uns ins Gewühl, pogten, tanzten, lachten, crowdsurften gelegentlich zur Bar, um ein Bier zu zischen, hüpften, sangen, grölten. Während der Umbaupausen erzählten wir uns bei ein, zwei Bierchen, was wir gerade so gemacht hatten. Irgendwann verlor ich Dose auf der Tanzfläche aus den Augen – sonst war er ja leicht an seinem Iro zu erkennen. Das funktionierte hier nicht so gut, ebenso wenig der Versuch, zwischen den Liedern einfach laut seinen Namen zu rufen, denn daraufhin schallte es immer aus verschiedenen Richtungen im Saal zurück: »Ja?«

In der Hoffnung, ihn wiederzufinden ging ich noch ein bisschen pogen. Kaum, dass ich in die Menge eingetaucht war, verpasste mir ein wild gewordener Psychobilly einen ziemlich derben ... nennen wir es Tanzmove.

Als ich daraufhin in den Wellnessbereich ging, um mir anzuschauen, wie groß das Veilchen wohl werden würde, das ich meinen Eltern erklären müsste (und wie stark der Kajal verwischt war), sah ich Dose in einer geöffneten Kabine stehen und neben das Klo kotzen.

»Hey, Dose«, rief ich, »wollste nicht vielleicht lieber ins Klo kotzen?«

»Mach ich doch!«, rief Dose zurück. »Ich mein, hier sind sogar zwei davon, kann man ja schlecht verfehlen.«

»Das ist deine Sicht der Dinge. Wollste noch n Bier?«

»Neee!«, rief Dose. »Ich hab genug.«

»Okay. Was anderes?«

»Hm – vielleicht nen Wodka.«

»Okay«, sagte ich und ging Richtung Theke.

»Und bestell ma n Bier zum Runterspülen mit!«, rief Dose mir hinterher. Ein älterer Punk half mir dabei, den Wodka zu besorgen, und Dose und ich trafen uns wieder an der Tanzfläche. Nachdem Dose ein paar Mal neben den Wodka gegriffen hatte, den ich dabei geistesabwesend fallen ließ, schaffte er es immerhin zufällig, das Bier zu schnappen.

»Das is echt komisch«, meinte Dose, »ich seh alles doppelt, aber eigentlich bin ich total nüchtern.« Sprachs und schüttete sich einen Schluck Bier auf die Schulter.

Ich schaute mit glänzenden Augen zur Bühne, wo grade Umbaupause war.

»Ich möchte auch mal da auf der Bühne stehen!«, sagte ich verträumt.

»Was willstn da?«, fragte Dose und grinste. »Kannst doch nix. Außer labern.«

Bei dem Konzertmarathon gab es einen geheimen Headliner. Der wurde in diesem Moment angekündigt. Rancid – zu dieser Zeit meine absolute Lieblingsband.

»Oh mein Gott, oh mein Gott, oh mein Gott!«, rief ich und fiel in Ohnmacht. Schlechter Zeitpunkt.

Aber Dose war ein echter Freund. Er wusste, dass es in diesem Moment das Wichtigste für mich war, beim Konzert dabei zu sein. Deshalb holte er einige Umstehende zur Verstärkung und hievte mich mit deren Hilfe auf die tanzende Masse, um mich dort crowdsurfen zu lassen. So erlebte ich mein einziges Rancid-Konzert: Hab nichts mitbekommen, aber hey, ich war da!

Als das Konzert vorbei war, wachte ich auf, weil ich auf den Boden knallte. Sofort hockte Dose neben mir, hielt meinen Kopf und gab mir vorsichtig schlückchenweise Bier.

»Geht's?«, fragte er besorgt.

»Klar«, sagte ich. »Wo sind wir?«

»Im SO36.«

»Ah ja. Was is das?«

»Lass ma frische Luft schnappen«, schlug Dose vor und wir begaben uns in Richtung Ausgang. Als wir vor der Tür ankamen, schlugen uns Flammen entgegen, die ein Wasserwerfer zu löschen versuchte, Steine flogen, Bullen prügelten, Punks wurden abgehaftet, das ganze Programm. Dose und ich standen da und glotzten mit offenen Mündern auf das Geschehen. Irgendwann in den frühen Morgenstunden räumten Panzer die letzten Barrikaden weg, die Sonne ging auf und der normale Verkehr setzte wieder ein. Dose und ich schlossen langsam den Mund.

»Krass!«, sagte ich.

Dose nickte. »Lass ma langsam nach Hause, wir sind ein bisschen spät dran.«

Auf dem Weg drehte ich mich noch mal zum SO36 um. »Irgendwie hab ich das Gefühl, dass ich nicht zum letzten Mal hier war.«

Sebastian Lehmann

MAGISTER

Ich vermisse meine Zeit als Student. Damals hat sich Nichtstun einfach noch besser und sinnvoller angefühlt. Ich war einer der letzten Magisterstudenten (der allerletzte überhaupt war übrigens ein gewisser Maik Martschinkowsky – auf den Gängen der Freien Universität Berlin flüstern sich ältere Studenten noch immer ehrfürchtig zu:»Dieser Martschinkowsky, das war noch ein echter Gammelstudent, so was gibt es heutzutage nicht mehr ...«).

Früher konnte man an der Uni noch machen, was man wollte, sich zum Beispiel die Seminare selbst einteilen. Ich hatte immer Dienstag bis Donnerstag Uni. Jeweils ab 14 Uhr. Immer noch besser als Maiks Stundenplan: Mittwoch. 16 bis 18 Uhr. Vierzehntägig.

Irgendwann tauchten dann plötzlich seltsam junge Studenten und Studentinnen auf, die eine ungesunde Aktivität ausstrahlten: Sie hießen Bachelorstudenten. Für sie wurde das Biotop der freiheitlichen Denkschule Universität ausgetrocknet, ab jetzt ging es nicht mehr um Bildung, sondern um Ausbildung. Repression und Überwachung kannten wir Magisterstudenten nur aus den Büchern Michel Foucaults, die Bachelors erfuhren es am eigenen Leib. Sie hatten Anwesenheitspflicht, mussten während der Seminare den Dozenten die Füße massieren und Getränke und Gebäck reichen, während sie mit einer aus den Gesammelten Schriften von Karl Marx gefertigten Peitsche gezüchtigt wurden. In den Pausen raunten sie sich Wörter zu, die uns nichts bedeuteten:

»Mein Lebenslauf«, zischte einer und deutete auf seinen Laptop.

»Optimieren!«, antwortete sein Kommilitone und tippte was auf seinem iPad.

»Mit einem Praktikum«, wusste ein Dritter.

»Oder einem Traineeprogramm«, sagte der Zweite.

»Lasst uns zwischen den Kursen ›Marketingliteratur‹ und ›BWL für Philosophen‹ mal zum Career-Service cruisen«, sagte wieder der Erste.

Wir Magistermenschen schauten sie irritiert an, nippten an unserem Filterkaffee und zogen noch mal am Joint, den wir gerade mit dem Alt-68er-Professor für »Revolutionäre Literatur im Russland des 19. Jahrhunderts« teilten.

»Och, ich bin schon wieder viel zu spät dran für ›Revolutionäre Filme der 20er-Jahre‹«, sagte ich.

»Ach, da geh ich seit der ersten Sitzung eh nicht mehr hin, weil man da ein Referat halten muss«, meinte ein Kommilitone. »Scheiße, der Joint ist schon wieder ausgegangen.«

Bei den Bachelors wurde alles benotet, bei uns nur, wenn die Hausarbeit gut war. Ich bekam nur einmal eine Note. Aber es zählte ja ohnehin nichts. Es zählte nur, dass man irgendwas geschrieben hatte, zu irgendeinem beliebigen Thema, dann bekam man einen sogenannten Schein. Die Doppelbedeutung des Wortes »Schein« passte in diesem Fall sehr gut. Ein Schein bedeutete nichts Konkretes. Ich besuchte einmal ein Seminar, in dem am Ende des Semesters der Dozent einfach Blankoscheine an alle verteilte, auf die man seinen Namen eintragen konnte. Es gab nur drei Noten: 1,0, 1,3, und 1,7. Ich war bescheiden und nahm mir einen mit 1,3.

Ich erinnere mich auch noch gerne an meine Prüfung in Philosophie. Mein Prüfer war der berühmte Schriftsteller Pascal Mercier, der gerade seinen Bestseller *Nachtzug nach Lissabon* veröffentlicht hatte und im Hauptberuf eigentlich Philosophiedozent war und ganz anders hieß, Pascal Mercier war nur sein Künstlername. Am Anfang meiner »Schriftstellerkarriere« hatte auch ich überlegt, mir einen Künstlernamen zuzulegen: Vielleicht Sebastiano Lehmano oder Marc-Uwe Kling. In der Prüfung konnte ich mich nicht recht konzentrieren, weil ich fand, dass Pascal Mercier wie der Name eines französischen Pornodarstellers aus den 70er-Jahren klang, der nur philosophische Pornos drehte:

»Oh Pascal, willst du mir nicht noch mal Adorno vorlesen«, haucht eine nur mit einer Hornbrille bekleidete junge Studentin ins Ohr von Pascal Mercier.

»In der Reduktion des Denkens auf mathematische Apparatur ist die Sanktion der Welt als ihres eigenen Maßes beschlossen.«

»Oh ja, Pascal, mehr!«

»Was als Triumph subjektiver Rationalität erscheint, die Unterwerfung alles Seienden unter den logischen Formalismus …«

»Tiefer!«

»… wird mit der gehorsamen Unterordnung der Vernunft unters unmittelbar Vorfindliche erkauft.«

Mein Prüfungszeugnis schenkte ich übrigens dann meiner Mutter, weil sie Pascal Mercier gut findet und darauf ja ein Autogramm von ihm ist.

Jetzt brauche ich zum ersten Mal mein Abschlusszeugnis, weil ich mich auf einen richtigen Job bewerbe.

»So, Herr Lehmano«, sagt der Personalchef im Vorstellungsgespräch und blättert meine Unterlagen durch. »Ihr Lebenslauf ist wirklich interessant, hier steht, Sie haben von 2003 bis 2013 studiert. Sonst steht da nichts. Ein sehr kurzer Lebenslauf für einen Dreiunddreißigjährigen.«

»Ich habe auch mal ein Praktikum bei einem Kindertheater im Wedding gemacht. Nach zwei Tagen musste ich es leider abbrechen, weil die Kinder mich verprügelt und mein Handy geklaut haben.«

»Also«, sagt der Personalchef, »zehn Jahre Studium der Neueren deutschen Literatur, Philosophie und Geschichte. Abschlussnote 1,3. Was denken Sie, was qualifiziert Sie für den Beruf des Taxifahrers?«

Wir lachen zusammen ein wenig.

»Aber einen Führerschein haben Sie nicht?«, fragt der Chef.

Ich schüttle den Kopf. »Dafür hatte ich einfach keine Zeit während des Studiums.«

Marc-Uwe Kling

SCHWEDISCHE WISSENSCHAFTLER

Wir gehen auf eine uns bekannte junge Frau zu, die aus Gründen, deren Erörterung tiefer in die Abgründe von Wirtschaft und Gesellschaft führen würde, als an dieser Stelle Platz ist, arbeitenderweise in einem Plüschhandykostüm steckt. Sie heißt Maria und verteilt Werbezettel an Passanten und dies trotz oder vielleicht auch wegen eines abgeschlossenen Studiums der Geisteswissenschaften. Als ich unsere Freundin begrüßen möchte, hält mich das Känguru zurück.

»Geh nicht so nah ran«, sagt es. »Hast du keine Angst vor der Strahlung?«

Maria wendet sich uns zu.

»Handystrahlung ist überhaupt nicht schädlich«, sagt sie und schnipst ein totes Insekt von ihrem Plüschhandykostüm. »Habe ich letztens erst wieder gehört.«

»Soso«, sagt das Känguru. »Hast du gehört. Na, wenn du das gehört hast, dann muss das ja stimmen.«

»Ich habe das auch gehört«, sage ich.

»Habt ihr auch schon mal davon gehört, dass jeder Mensch pro Jahr im Schlaf circa acht Spinnen verschluckt?«, fragt das Känguru.

»Ich habe davon gehört«, sagt Maria. »Total eklig.«

»Ja, ja«, sagt das Känguru. »Total eklig. Und totaler Schwachsinn. Eine, ich glaube schwedische Journalistin namens Lisa Holst hat sich das Anfang der 90er ausgedacht, um zu zeigen, dass die meisten Menschen einfach unreflektiert jedes noch so blödsinnige Gerücht glauben.«

»Wie?«, frage ich. »Das mit den Spinnen stimmt gar nicht? Das heißt, ich habe jahrelang grundlos auf dem Bauch geschlafen?«

»Hast du dich nie gefragt, wer das mit den acht Spinnen wie gemessen haben soll?«, fragt das Känguru.

»Na, äh … also … äh … äh … die haben wahrscheinlich eine äh … äh … äh … repräsentative Menge, sagen wir tausend Leute … ein Jahr lang im Schlaf mit, äh, Wärmebildkameras – wobei, Spinnen sind kalt, glaube ich – also, äh, mit Bewegungsmeldern …«

»Ja, genau«, sagt das Känguru. »So wird es gewesen sein. Und finanziert hat das Ganze die Gesellschaft zur Förderung der Arachnophobie.«

»Hm.«

»Gerüchte zu verbreiten ist einfacher als in Wacken Freibier loszuwerden«, sagt das Känguru. »Man haut eine von keinerlei Faktenkenntnis getrübte Behauptung in die Welt – zum Beispiel: ›Saddam Hussein hortet Massenvernichtungswaffen‹ – und ergänzt diese durch ein bedeutungsschwangeres: ›Hab ich gehört‹, dann denken die Leute: ›Aha! Hat er gehört! Hat er sich nicht ausgedacht! Dann wird das wohl stimmen.‹ Aber kaum einer macht sich klar, wie viel Unheil Gerüchte bewirken können. Wenn vor Urzeiten Petrus nicht zu seinen Kumpels gesagt hätte: ›Ey, Jesus ist von den Toten auferstanden. Hab ich gehört‹, wäre unzähligen rothaarigen Frauen im Mittelalter einiges erspart geblieben.«

»Aber das ist wirklich wahr!«, ruft Maria. »Also das mit der Handystrahlung. Ich hab das gehört! Ehrlich!«

»Ich habe das sogar irgendwo gelesen«, sage ich.

»Oh! Stufe zwei!«, ruft das Känguru. »Man kombiniere das Gerücht mit einem wohlinformierten: ›Hab ich gelesen.‹ Dann denken nämlich alle gleich: ›Aha! Hat er nicht nur gehört … hat er gelesen! Er kann lesen! Er ist sehr intelligent!‹ Am besten, man fügt noch hinzu: ›In einer Zeitung‹, oder noch besser, man sagt: ›In Geheimdienstberichten.‹ Denn die sind ja praktischerweise geheim. In denen könnte man nicht mal nachlesen, wenn man wöllte.«

»Das mit der Strahlung stimmt echt«, sagt Maria. »Das haben ein paar Wissenschaftler herausgefunden.«

»Stufe drei!«, ruft das Känguru. »Das überzeugende: ›Haben ein paar Wissenschaftler herausgefunden.‹«

»Ja«, sage ich. »Schwedische Wissenschaftler, glaube ich.«

»Ausgezeichnet«, sagt das Känguru. »Durch geschickt eingestreute Adjektive – wie hier ›schwedisch‹ – kann man die Glaubwürdigkeit noch mal erheblich verstärken und selbst die notorischsten Zweifler überzeugen. Wobei man sich mit einem falschen Adjektiv auch schnell unglaubwürdig macht.«

»Zum Beispiel?«

»Zum Beispiel: ›Amerikanische Wissenschaftler haben herausgefunden, dass …‹ Ganz schlechter Anfang. ›Schwedisch‹ hingegen eignet sich für Wissenschaftler besonders gut …«

»Woher weißt du das?« frage ich.

»Nun … es gibt da eine Studie drüber«, sagt das Känguru. »Von schwedischen Wissenschaftlern. Ein formal perfektes Gerücht wäre zum Beispiel folgendes: ›Ich habe in einem britischen Geheimdienstbericht gelesen, dass schwedische Wissenschaftler in Langzeitstudien an Finnen herausgefunden haben, dass … äh … Touchscreens dick machen.‹«

Ein dicker Mann, der während des letzten Satzes neben uns stehen geblieben ist, wirft sein Smartphone in den Mülleimer. Er brummt: »Ich wusste, es liegt nicht an mir.«

»Eine Frage hätte ich noch«, sage ich zum Känguru. »Woher weißt du eigentlich, dass sich das mit den acht Spinnen nur diese schwedische Journalistin ausgedacht hat?«

»Das … äh«, sagt das Känguru. »Das habe ich gelesen.«

»Soso.«

TOURTAGEBUCH
Donnerstag

Liebes Tagebuch,

tschuldige, dass ich mich so lange nicht gemeldet habe. Ich war beschäftigt. Aber jetzt bin ich total aufgeregt. Ich bin auf Lesereise mit meiner Lesebühne. Das erste Mal.

Wir fahren Zug. Vorhin haben wir gepokert. Also Marc-Uwe, Maik, Lars und ich. Sebastian wollte nicht mitspielen. Er sitzt die ganze Zeit alleine am Fenster, hört Indiepop und macht auch sonst den Eindruck, nicht angesprochen werden zu wollen.

Sebastian verfügt über großes Fachwissen in den Bereichen Musik und Einsamkeit.

Lars ist unser Agent, das bedeutet, dass er sehr gut lautlos töten kann. Außerdem macht er für uns die Termine, vor allem für Marc-Uwe, denn der ist der Berühmte von uns.

Manchmal macht er auch für Maik Termine, aber der lässt sich noch schwerer verkaufen als ich. Weil er Veganer ist. Da fallen viele Auftritte bei Grillfesten und Fleischereieröffnungen weg. Meine Haupteinnahmequelle. Sebastian bucht sich meistens selbst. Das ist zwar anstrengender, aber Sebastians Lebensmotto war schon immer: Man wächst mit seinen Aufgaben. Sebastian ist sehr klein.

Ein weiterer Grund für die Anwesenheit unseres Agenten ist seine Pokersucht. Und fehlende Freunde.

Außerdem hebt es die Stimmung in der Gruppe. Dann verliert nicht immer nur Maik.

Lars ist zudem für Wohlbefinden und Sicherheit im Backstage zuständig.

Er sorgt dafür, dass wir bekommen, was wir wollen. Dafür haben wir vorher einen sogenannten Rider eingereicht.

Bands wollen meistens Champagner, Bier und Prostituierte, wir sind da anders.

Vegane Gerichte ohne Gemüse (für Maik), Kopfschmerztabletten (für Marc-Uwe), viel Weißwein (für Lars und mich), eine Packung Taschentücher (für Sebastian), außerdem Allergikerbezüge für die Bühnencouch und einen Eimer voll Schmalz. Das haben die anderen aus Fun in den Rider geschrieben, weil ich dick bin. Und weil das meine erste Tour ist. Schweine. Oh! Die anderen wollen noch mal pokern. Ich melde mich gleich wieder ...

Voll gut. Im letzten Spiel habe ich alle krass abgezockt, außer Marc-Uwe, aber der ist in allem gut. Ich besitze nun fünfundzwanzig Euro von Lars. Und Maiks Studienkredit. Ich bin mir noch nicht sicher, ob das ein guter Deal war. Gerade sitze ich in meinem Hotelzimmer.

Weil wir megafrüh angekommen sind, hatten wir super viel Zeit, um den Ablauf der Show zu besprechen. Also, wer wann seine Texte vorliest. Wir haben diese total wichtige Frage auf dem Weg zum Hotel geklärt. Hat zwei Minuten gedauert. Profis.

Kurz vor der Ankunft hörten wir Gemecker von unten. Sebastian wollte getragen werden.

Weil er der Kleinste ist, kriegt er immer, was er will.

Maik nahm ihn auf die Schultern und trug ihn die letzten drei Minuten. Sebastian juchzte fröhlich.

Weil wir jetzt Zeit haben, werde ich shoppen gehen. Bei Schlecker. Das ist zwar nicht von Belang für die Geschichte, aber irgendwann wird ein Literaturwissenschaftler an diesem Satz verzweifeln. Schlecker? Was soll das sein? Die anderen machen was anderes.

Sebastian legt sich noch mal hin, Marc-Uwe schreibt einen Bestseller, Maik macht irgendwelche Gymnastik-

28

übungen. Lars hat kein Hotelzimmer. Hat er vergessen zu buchen.

Draußen ist total schönes Wetter. Ist bei Dir auch so schönes Wetter? Nee, Quatsch, ich gehe mal los. Bis dann!

Dein Julius

Maik Martschinkowsky

DIE DRITTE SEITE

»Das ist so schlimm!«, jammert mein bester Freund Maurice, der mich angerufen hat, um ein bisschen zu jammern.

»Was ist denn passiert?«, frage ich.

»Nichts!«, ruft Maurice.

»Na ja. Da kann ich mir jetzt aber schon Schlimmeres vorstellen ...« Maurice seufzt. »Ich schreibe Tag und Nacht Bewerbungen, aber bekomme die ganze Zeit immer nur Absagen.«

»Versteh ich gar nicht«, sage ich. »Du hast doch einen ordentlichen Hochschulabschluss.«

Wir lachen beide ein bisschen.

»Wie viele hast du denn geschrieben?«, frage ich.

»Keine Ahnung. Vierzig? Fünfzig?«

»Meine Güte. Hätte nicht gedacht, dass es überhaupt so viele Stellenanzeigen gibt.«

»Und ich bekomme nur Absagen!«, jammert Maurice noch einmal. »Ich habe heute sogar eine Absage für eine Stelle bekommen, bei der ich mich nicht einmal beworben habe!«

»Das ist unheimlich«, sage ich. »Vielleicht gibt es da ein Vorhersageprogramm, wie bei so Onlineversandseiten, wo aufgrund des Suchverhaltens von Kunden bereits Artikel aus dem Lager geholt werden, noch bevor man sie bestellt hat. Und einige Unternehmen schicken dann halt schon mal Ablehnungen raus, wenn sie befürchten, dass du dich bei ihnen bewerben *könntest*.«

»Das ist so schlimm!«, ruft Maurice pathetisch.

»Schau mal«, sage ich tröstend, »du kannst doch gar nichts dafür. Marktwirtschaft braucht Konkurrenz, und Konkurrenz entsteht nur bei knappen Ressourcen, also in diesem Fall Arbeitsplätzen. Ich mein, stell dir mal vor, was da los wäre, wenn es so was wie Vollbeschäftigung gäbe! Niemand wäre mehr bereit, für einen Hungerlohn zu arbeiten, es stünden keine Arbeitskräfte zur Verfügung, wenn neue Jobs erfunden werden, und Streiks wären plötzlich wieder ein ernst zu nehmendes Machtmittel! Nein, nein, da muss immer ein ordentlicher Teil Arbeitsloser übrig bleiben, damit das ganze System überhaupt funktioniert. – Sieh es als deinen Beitrag zur Gesellschaft.«

»Läuft Trösten nicht irgendwie so nach dem Motto ›Alles wird gut‹, statt ›Du kannst nur verlieren‹?«, fragt Maurice frustriert.

»Ach, na ja, wer eh verliert, muss gar nicht erst kämpfen, hat auch was für sich … Du kannst das einfach direkt lassen mit dem Bewerbungenschreiben.«

»Vielleicht sollte ich noch ein paar Zusatzausbildungen machen. Oder noch ne Handvoll Praktika«, überlegt Maurice.

Ich schüttle energisch den Kopf. »Ständig Praktika und Zusatzausbildungen machen«, setze ich meinen Tröstungsversuch fort, »ist wie einem abgefahrenen Zug hinterherzurennen. Da sollte man lieber warten, bis der nächste Zug kommt. Wobei in deinem Fall natürlich nicht klar ist, ob überhaupt noch einer kommt … Das war jetzt wieder nicht so ermutigend, oder?«

»Auch nicht schlimmer als der Rest.«

»Vielleicht solltest du dich selbstständig machen«, schlage ich vor. »Ein Start-up gründen. Du könntest in die Werbebranche einsteigen. Ganz wichtiger Produktionszweig heutzutage. «

»Und was soll ich da gründen? Eine Firma, die für andere Firmen total penetrante Werbung an möglichst nervigen Stellen unterbringt? – Das gibt es doch schon in jedem zweiten Berliner Hinterhof!«

»Na du musst dich halt von denen abheben – gründe eine Firma, die ganz nah am Werbekunden ist: persönliche E-Mails, ständige Chat-Anfragen, handgeschriebene Briefe, Liebes-SMS, nächtliche Anrufe, überraschende Hausbesuche, Projektionen durchs Fenster, so was halt. Das Ganze nennst du dann »Product Stalking« – man wird quasi von einem Produkt verfolgt. Und die angesprochenen Kunden können dann deine Firma dafür bezahlen, dass das wieder aufhört. Ich denke, das ist das Format der Zukunft.«

»Ich glaube, so was gäbe Patentstreitigkeiten. Das Jobcenter operiert doch schon nach einem ähnlichen Prinzip.« Maurice seufzt wieder. »Dieses ganze Bewerbungenschreiben macht mich total fertig. Ich hab irgendwie das Gefühl … zu zerfallen. Jedes Mal muss ich mir eine neue Rolle ausdenken, die dieses oder jenes besonders gut kann und aus diesen oder jenen Gründen besonders geeignet ist, ausgerechnet diesen oder jenen Job zu machen. Ich erfinde jedes Mal eine komplett neue Persönlichkeit.«

»Is doch super!«, sage ich begeistert. »Wie damals beim Rollenspiel: einen Charakter so lange neu erschaffen, bis er absolut optimiert ist. Damit habe ich einen Großteil meiner Schulstunden verbracht.«

»Ja, aber da ging es darum, einen Charakter zu erschaffen, der dir gefällt. Bei mir geht es darum, jemanden zu erschaffen, der anderen gefällt. Das macht mich wahnsinnig. Ernsthaft. Ich hab inzwischen immer öfter das Gefühl, jemand anderes hätte meine Bewerbungen geschrieben.« Maurice wird leiser. »Ich bin letztens sogar vor dem Bildschirm aufgewacht und hatte offenbar grade eine Bewerbung geschrieben, konnte mich aber nicht daran erinnern …«

»Das könnte zumindest erklären, warum du eine Absage von einer Stelle bekommen hast, bei der du dich angeblich nicht beworben hast.«

»Du meinst …«, Maurice schluckt, »… ich merke vielleicht inzwischen nicht mal mehr, wie ich mir Stellen raussuche und mich darauf bewerbe?«

Ich zucke mit den Schultern. »Ein Freund von mir hat mal in einer psychiatrischen Klinik gearbeitet und wunderte sich immer, warum eine Patientin jedes Mal bei der Essensausgabe ausgerastet ist. Irgendwann hat sich herausgestellt, dass sie eine gespaltene Persönlichkeit hatte und der eine Teil immer das Essen bestellt hat, was der andere nicht mochte.«

»Willst du damit sagen, dass ich eine gespaltene Persönlichkeit durchs Bewerbungenschreiben bekomme?«

»Na ja«, sage ich, »so eine Persönlichkeitsspaltung ist ja in der Regel eine Reaktion auf belastende Situationen, die erfüllt schon einen gewissen Zweck. Und ich sag mal, die Ansprüche ›flexibel, belastbar, innovativ und kreativ‹ erfüllt so eine Persönlichkeitsspaltung relativ gut. – Ist es denn deine Handschrift bei den Bewerbungen?«

»Ich weiß nicht, ob du das inzwischen mitbekommen hast, aber es gibt da doch jetzt diese Computer.«

»Ah ja. Richtig. – Hast du denn in letzter Zeit noch irgendwelche anderen ungewöhnlichen Sachen festgestellt? Eine zweite Zahnbürste oder so was?«

»Ich hab … ziemlich viele Zahnbürsten«, sagt Maurice nachdenklich.

»Oh.«

»Jetzt hör mal auf«, meckert Maurice. »Ich bin doch eigentlich total strukturiert. Ich hab sogar mit nem Typen, den ich bei der Jobberatung kennengelernt habe, einen Club zum Bewerbungenschreiben gegründet. ›Application Club‹ nennen wir den. Aber eigentlich darf ich darüber gar nicht sprechen. Das ist unsere erste Regel: Sprich nicht über den Application Club.«

»Maurice, wo bist du grade?«

»Ähm … ich steh im Jobcenter, aber eigentlich darf ich nicht darüber sprechen.«

»Was hast du vor?«

»Das … darf ich nicht sagen. – Hm. Na gut, aber behalt es für dich: Wir haben Leute aus unserem Club in allen Jobcentern der Stadt positioniert, und um Punkt 12 ziehen wir sämtliche noch verfügbaren Wartenummern, damit alles wieder bei null anfängt!«

Mein Telefon klingelt. »Warte mal kurz«, sage ich zu Maurice und nehme das Telefon vom Ohr, um zu schauen, wer anruft. Es ist Maurice.

Ich nehme ab: »Willst du mich verarschen?«, frage ich. »Warum rufst du noch mal an, wir telefonieren doch grade?«

»Hä, was? Ich hab ein paar Mal versucht, dich zu Hause anzurufen, aber du bist nicht rangegangen. Wo bist du denn?«

Ich schaue mich um. »Ich steh … im Jobcenter … vor dem Wartenummernautomat.«

Sebastian Lehmann

WILLKOMMEN IN BERLIN

Ich habe mal wieder so gut wie gar nicht geschlafen. Die ganze Nacht wummerten die Technobässe in der Wohnung über mir. Seit Kurzem wird sie nämlich nur noch als Ferienwohnung genutzt, die man über das Internetportal Airbnb buchen kann. Die Touris kommen nicht mehr wegen DDR, Hitler oder KaDeWe nach Berlin, sondern wegen Party. Jeden Tag um Mitternacht ist mal für zwei Stunden Ruhe über mir, weil die Touris dann in der Schlange am Berghain stehen. Wenn sie dann wieder nicht reingekommen sind, feiern sie einfach in der Wohnung weiter.

Ich stehe auf, schlurfe zu meinem Laptop und rufe die Airbnb-Seite auf, um herauszufinden, wer die Wohnung vermietet, und sie bei der Wohnungsgesellschaft zu denunzieren. Ich werde den kleinen Spießer in mir nicht länger verleugnen.

Ich finde das Angebot sofort: Als »Nice Party Flat in the hip Berlin-Kiez Tiergarten« wird die Wohnung beworben. Fast tun mir die Touris leid. Ich klicke durch die anderen Anzeigen. Ausnahmslos jede Ferienwohnung in Berlin wird damit beworben, in einem hippen Partystadtteil zu liegen, sogar die Wilmersdorfer schrecken nicht davor zurück. Aber wenn alle lange genug lügen, stimmt es ja irgendwann. Ich finde sogar eine Wohnung in Spandau, die damit wirbt, »just around the corner of the famous Simon-Dach-Straße« zu sein.

Es gibt noch ein zweites Airbnb-Angebot unter der Adresse unseres Hauses. Ich klicke drauf und sehe mir die Bilder an. Die Wohnung sieht genauso aus wie unsere Wohnung. Es ist unsere Wohnung. Auf einem Foto erkenne ich sogar unsere fette Katze, die schlecht gelaunt in die Kamera schaut.

Es klingelt und ich öffne die Tür. Im Treppenhaus stehen zwei gut aussehende Zwanzigjährige in kurzen Hosen und Sonnenbrillen. Sie blicken mich irritiert an. Mir fällt ein, dass ich nur eine alte Boxershort trage und ein T-Shirt mit der Aufschrift »Abi 2002. Too drunk to learn«.

»What do you want?«, frage ich.

»That's the typical Berlin unpoliteness«, sagt der eine Junge begeistert zu seinem Freund und lächelt mich dann an. »Hello, I'm Mario«, sagt er. »And this is my friend Luigi.« Sie strecken mir ihre Hände entgegen. »You must be Sebastiano.«

Ich nicke überrascht.

»We rented this wonderful flat for two weeks«, sagt Mario und hält mir eine Booking Confirmation von Airbnb unter die Nase. »Live together with a real Berlin artist« steht darauf.

Die fette Katze kommt in den Flur und beschnuppert Luigis weiße Sneaker. »Oh, is this your cat?«, ruft er verzückt aus und beugt sich zu ihr herunter.

Die Katze versetzt ihm mit ihrer Pfote einen Schlag ins Gesicht.

Ich zeige den beiden die kleine Abstellkammer neben der Küche. »That's your room«, informiere ich sie. »And of course, you can help yourself, I share all my things with my guests.« Ich deute auf die abgelaufenen Bohnenkonserven, die noch von unserem Vormieter in der Kammer stehen.

»Thank you. But how can we sleep in there?«, fragt Mario.

»In Berlin it's tradition to stand while you sleep«, sage ich. »We are so poor, we can't afford beds.«

Die beiden schauen mich entgeistert an. »So, I leave you now on your own. Have a nice stay.« Ich schubse sie in die Kammer und schließe von außen ab. Dann rufe ich meine Freundin an.

»Sag mal, hast du unsere Wohnung bei Airbnb reingestellt?«, frage ich, als sie sich meldet.

»Ja klar, ich bin ja auch im Urlaub«, sagt sie.

»Ich bin aber noch hier!«

Es klingelt schon wieder. Vor der Tür stehen zwei große blonde Frauen in langen Kleidern. »Hello, we are Margot and Linnea from Stockholm.«

»Come in!«, rufe ich und zeige ihnen das Zimmer meiner Freundin, sie sind sofort begeistert.

»Da sind noch mehr gekommen«, sage ich zu meiner Freundin am Telefon.

»Na ja, ich habe jedes Zimmer in unserer Wohnung vermietet«, antwortet sie.

Aus der Abstellkammer höre ich plötzlich laute Technobässe wummern. Ich reiße die Tür auf, Mario und Luigi haben zwischen den Konserven noch eine Flasche Korn gefunden und glühen schon ein wenig für die Berghain-Schlange vor. Im Flur treffe ich dann auch Kai und Isabell, die ihre Rollkoffer schüchtern in mein Arbeitszimmer rollen. Zwei bärtige Männer in Unterhemden und Truckermützen poltern gerade die Treppen hoch.

»Hey you, we're Brad and Bruce from Australia«, ruft der eine und klopft mir brutal auf die Schulter. »Cool T-Shirt, man. I also like to drink!« Er öffnet seinen Rollkoffer, in dem ausschließlich Ginflaschen aus dem Duty-free-Shop lagern.

Ich ziehe mich ins Badezimmer zurück. »Was soll ich denn jetzt machen?«, zische ich ins Telefon.

»Ich habe die Zimmer für hundert Euro pro Nacht vermietet«, sagt meine Freundin. »Das heißt, wir bekommen unsere ganze Monatsmiete an einem Tag wieder rein. Ich würde sagen, du nimmst dir ein schönes Hotelzimmer.«

Als ich das Badezimmer wieder verlasse, hat sich eine kleine Spontanparty in der Küche gebildet, Mario und Isabell tanzen auf dem Küchentisch, Bruce mischt für alle Gin Tonics, allerdings hat er kein Tonic in meinem Kühlschrank gefunden.

»So it's Gin Tonic without Tonic. Haha!« Er lacht sehr laut. »I call it Gin Berlin.«

Ich flüchte schnell ins Schlafzimmer, dort erwische ich Brad und Margot beim Sex. Die fette Katze guckt entsetzt zu. Ich nehme sie untern Arm – also die Katze – und verlasse schnell die Wohnung. Mit dem Taxi fahre ich zum nächsten Hotel.

»Ich hätte gern ein Zimmer«, sage ich erschöpft zum Portier. Die Katze auf meinem Arm schnurrt zustimmend.

»Das ist unser letztes Zimmer«, sagt der Portier und reicht mir lächelnd einen Schlüssel. »Wir sind ausgebucht! Anfangs sind bei uns wegen Airbnb die Buchungen zwar eingebrochen, aber inzwischen kommen die Berliner.«

Er deutet in die Bar neben der Lobby, wo an jedem Tisch Leute sitzen. Ich entdecke sofort meine Nachbarn von oben. Sie winken mir gut gelaunt zu. Die Katze springt in den Hotelgarten zu den anderen Haustieren.

»Willkommen in Berlin«, rufen meine Nachbarn, und ich setze mich zu ihnen.

Marc-Uwe Kling

VERGLEICHEN & OPTIMIEREN

Ich reibe mir die Augen und nehme einen großen Schluck Kaffee. Das Radio läuft.

»Eine internationale Vergleichsstudie der Bertelsmann Stiftung«, sagt der Nachrichtensprecher, *»brachte erstaunliche Ergebnisse. Im Vatikanstaat werde nämlich, im Gegensatz zu Deutschland, kein Kindergeld bezahlt und die Arbeitslosenquote läge im kaum messbaren Bereich. Der Schluss liege nahe, so die Stiftung, dass eine Streichung des Kindergeldes in Deutschland auch hierzulande zu einer signifikanten Senkung der Arbeitslosenzahlen führen müsste.«*

Ich seufze und mache das Radio aus. Das Känguru kommt lasziv in die Küche geschlendert.

»Hier sehen Sie das Känguru«, sagt es, »in seiner neuesten Kreation.«

Es deutet auf sein T-Shirt voller Nullen und Einsen und sagt: »Ein Nerd-Shirt.«

»Was soll das?«, frage ich.

»Geschäftsidee.«

»Was steht da auf deinem T-Shirt?«

»Auf meinem Nerd-Shirt«, verbessert mich das Känguru.

»Ja. Auf deinem Nerd-Shirt. Was steht da?«

»Das siehst du doch.«

»010001100111010101100011011010110010000001111001011 0111101110101«, lese ich vor.

Das Känguru nickt. »›Fuck you‹ im Binärcode.«

»Ich hätte lieber eins, wo draufsteht ›Whatever‹«, sage ich.

Das Känguru setzt sich zu mir an den Küchentisch.

»Hatte noch eine Geschäftsidee«, sagt es.

»Bist ja richtig produktiv heute.«

»Ist dir eigentlich auch schon mal aufgefallen«, fragt das Känguru, »dass die Spülmaschine unerfreulich oft das Geschirr nicht sauber kriegt?«

»Ja«, sage ich, nehme einen Schluck Kaffee und kratze dann ein angetrocknetes Salatblatt von der Tasse.

»Im krassen Gegensatz zur Waschmaschine«, sagt das Känguru, »die die Wäsche eigentlich immer sauber kriegt.«

»Worauf willst du hinaus?«

»Vergleichen und optimieren.«

»Wie bitte?«

»Ich denke, ich habe herausgefunden, was die Waschmaschine hat, das der Spülmaschine fehlt. Gleich morgen werde ich drum zum Patentamt gehen und die erste Spülmaschine mit Schleudergang anmelden!«

Ich blinzle.

»Haste Lust zu investieren?«, fragt das Känguru.

»Wie willst du dein Spülmaschinenmodell denn nennen? Polterabend?«

Das Känguru blinzelt.

»Ich sehe, worauf du hinauswillst.« Es nickt. »Vielleicht ist das mit dem Vergleichen und Optimieren gar nicht so einfach, wie die Bertelsmann Stiftung immer behauptet.«

»Ja, vielleicht.«

»Zum Glück hatte ich noch ne andere Geschäftsidee«, sagt das Känguru.

»Kann mich vor Spannung kaum mehr halten«, sage ich.

Das Känguru zieht eine Karte aus seinem Beutel und reicht sie mir. Vorne auf die Karte hat es in Schnörkelschrift geschrieben: »Herzlichen Glückwunsch.«

»Glückwunschkarten?«, frage ich. »Was ist daran neu?«

»Klapp mal auf.«

Ich tue, wie mir geheißen, und aus der Karte tönt es:

»Ich war fast überall
und ich kenne auch fast alle
doch noch nie traf ich einen
der auch nur fast so
DUMM WAR WIE DU DU DU
DUMM WAR WIE DU DU DU
DUMM WAR WIE DU DU DU
bist der dümmste Mensch auf der Welt.
Herzlichen Glückwunsch.«

»Glückwunschkarten für Feinde!«, ruft das Känguru.

»Schöne Marktlücke«, sage ich.

»Das ist keine Marktlücke!«, ruft das Känguru. »Das ist der Markt zur Lücke! Ich hab nämlich mal ein bisschen Marktforschung betrieben, und es hat sich herausgestellt, dass die meisten Menschen weit mehr Leute kennen, die sie nicht leiden können, als Leute, die sie leiden können.«

»Aha. Und wen hast du da so ausgeforscht?«

»Na dich zum Beispiel. Weißt du nicht mehr, als ich dich vor ein paar Tagen mal gefragt habe, wen du alles nicht leiden kannst, und du hast den ganzen Abend den Mund nicht mehr zubekommen?«

»Aha. Und wen hast du sonst noch befragt?«

»Na … äh … mich.«

»Jo. So sagt man ja: Zwei Meinungen sind schon ne Statistik.«

»Sagt man so?«

»Nee«, sage ich. »Höchstens bei der Bertelsmann Stiftung.«

»Wolltest mich nur veralbern?«, fragt das Känguru.

»Mhm.«

»Hier. Ich schenk dir die erste Karte.«

»Na danke.«

TOURTAGEBUCH
Donnerstag, später

Liebes Tagebuch,

Mir geht es nicht so gut. Durch das lange Spazieren in der Sonne habe ich unglaubliche Rötungen im Gesichtsbereich bekommen, weswegen ich vorhin mehrfach von meinen Kollegen aus dem Backstage gescheucht wurde, weil sie annahmen, es handele sich bei mir um einen sehr nervösen Fan. Vor allem Marc-Uwe.

„Wer ist der Typ? Security!", rief er immer wieder, während er sich die Nägel feilte.

Wir haben keine Security. Wir haben nur Lars. Und der war nicht da. Der besorgte Wein. Als sie mich endlich reinließen, blieb mein Fuß in einem Eimer voll Schmalz stecken.

„Was ist das für ein Wortspiel?", fragte Maik.

„Ins Fettnäpfchen treten", sagte Sebastian.

Dann begann der Auftritt. Wie vorher vereinbart, bekamen wir vom Techniker einen Signalanruf über das Haustelefon. Ich hatte das interne Schnick-Schnack-Schnuck-Turnier verloren und wurde als Verantwortlicher für dieses Telefonat eingeteilt. Ich nahm den Höhrer ab.

„Jaaaa?"

„Hallo, Marc-Uwe, bist du das?"

„Neee, der macht so was nicht mehr."

„Maik?"

„Nein!"

„Sebastian?"

„Nein!"

„Äääääh ..."

„Julius, du hast Julius vergessen. Wir haben vorhin zusammen Soundcheck gemacht. Der mit dem roten Gesicht. Der Dicke."

41

„Ahh ja, Julius, stimmt. Gegenprobe: Wie heiße ich?"
Damn it. Ich vergesse immer alle Technikernamen.
„Ähhhh … Thorsten?"
„Nein!"
„Christoph?"
Und so ging das noch eine Weile. Die anderen waren bereits auf der Bühne, während ich mich noch mit dem Techniker darüber stritt, ob „Fickmolch" ein guter Kosename wäre.

Weil ich der Neue auf der Tour bin, musste ich auch moderieren. In so einer Stimmung! Normalerweise kann ich das. Diesmal nicht.

Die Leute waren aber auch unfassbar dumm und verstanden keine meiner subtilen Publikumsbeleidigungen.

Oder sie dachten: Wer ist der dicke Junge mit dem roten Gesicht? Und was ist ein Fickmolch?

Nach der Zugabe hatten sich meine Kollegen an mein rotes Gesicht gewöhnt und drückten immer wieder mit dem Finger auf meine Stirn, wo dann weiße Flecken entstanden. Sie kicherten, vor allem Sebastian, er mag Farben.

Weil es ja der erste Abend der Tour war, wollten wir dann alle noch was trinken gehen. Außer Marc-Uwe, der musste noch seinen Bestseller zu Ende schreiben. Und außer Lars, der musste sich noch um ein Hotelzimmer kümmern. Und außer Sebastian, der hatte seinen Ausweis vergessen. Und außer Maik, der musste noch Aerobicübungen machen.

Deswegen sitze ich jetzt allein im Backstage, trinke Weißwein und schmiere kühlendes Schmalz auf meinen Sonnenbrand. Gleich gehe ich schlafen.

Gute Nacht, träume süß von sauren Gurken,

Dein Julius

Sebastian Lehmann

DAS FEST DER LIEBE

Teil 1: Geschenke

Meine Mutter ruft aus meiner Heimatstadt Freiburg an. »Schatz«, sagt sie, »was wünschst du dir denn zu Weihnachten?«

»Mutter, heute ist der 22. August«, sage ich. »Stellt Papa auch schon den Weihnachtsbaum auf, oder was?«

»Das kann er doch nicht mehr allein, mit seinem Rücken«, sagt meine Mutter. »Du musst ihm helfen, wenn du das nächste Mal zu Besuch kommst.«

»Ich komme in zwei Wochen. Wenn wir da den Baum aufstellen, hat er an Weihnachten längst keine Nadeln mehr.«

»Nie hilfst du uns, Sebastian. Wie soll denn das erst werden, wenn wir alt sind?«

»Ihr seid alt«, sage ich.

»Wenn du mal in unserem Alter bist, dann sagst du so was nicht mehr.«

»Das bekommt ihr dann ohnehin nicht mehr mit, da seid ihr längst ...« Ich beende den Satz nicht, ich hatte mir vorgenommen, mit meinen Eltern nicht mehr über den Tod zu sprechen. Zu nah inzwischen.

»Wir sind immer noch deine Eltern, auch wenn wir sterben«, sagt meine Mutter aber.

Alles, was ich in neunzehn Semestern Philosophiestudium über Logik gelernt habe, denke ich, hat keinerlei Wert, wenn ich mit meiner Mutter telefoniere.

»Was willst du denn nun zu Weihnachten?«, fragt sie wieder.

»Keine Ahnung. Denkt euch was aus, ihr habt ja noch vier Monate.«

»Es wird langsam Zeit, dass du endlich Verantwortung übernimmst«, sagt meine Mutter. »Irgendwann musst du auch mal anfangen, längerfristig zu planen.«

»Unsere Generation kann doch gar keine Verantwortung übernehmen«, sage ich, »weil wir von euch, den fürsorglichen Post-68er-Eltern, nicht in die Freiheit der Entscheidungsfähigkeit entlassen werden.«

»Wir hätten damals verbieten sollen, dass du Philosophie studierst«, sagt meine Mutter.

»Ich bin dreiunddreißig Jahre alt, und du schickst mir immer noch jedes Jahr einen Adventskalender«, sage ich. »Wie soll ich mich denn da als Erwachsener fühlen?«

»Oh nein, den Kalender muss ich ja auch noch machen!« Meine Mutter stöhnt laut auf.

»Stimmt«, sage ich, »dafür hast du ja nur noch dreieinhalb Monate Zeit.«

»Warum hast du eigentlich nicht Mathe studiert, wenn du so gut rechnen kannst? Dann wäre wenigstens etwas Ansehnliches aus dir geworden.«

»Mutter, alle zwei Wochen kommen vierhundert Zuschauer zur Lesebühne, nur um mich lesen zu hören.«

»Ach, die kommen doch nicht wegen dir«, sagt meine Mutter, »sondern wegen Marc-Uwe.«

»Mama! Das kannst du doch nicht sagen! Dann könnte ich ja auch sagen, dass ich nur wegen Papa nach Freiburg komme.«

»Wenn du weiter so böse bist, bekommst du dieses Jahr keinen Adventskalender!«

»Oh ja, bitte!«, schreie ich.

Es knackt im Hörer. »Sohn«, sagt mein Vater. »Sei nicht so gemein zu deiner Mutter!«

»Sie hat angefangen!«, rufe ich.

»Gleich gibt's eine hinter die Ohren!«, schreit mein Vater.

Ich schlag mir den Telefonhörer selbst gegen die Ohren.

»Geld«, sage ich dann.

»Was?«, fragt meine Mutter.

»Ich wünsche mir Geld zu Weihnachten«, sage ich. »Wie jedes Jahr.«

»Na sag's doch gleich«, ruft meine Mutter und legt beruhigt auf.

Teil 2: Essen

Es ist der 22. Dezember und ich steige aus dem Zug, der mich gerade nach Freiburg gebracht hat. Sofort entspanne ich mich und atme die reine Freiburger Schwarzwaldluft ein. Die Sonne scheint, und obwohl Schnee liegt, hat es angenehme einundzwanzig Grad. Als ich den Bahnhof verlasse, legen mir glücklich lächelnde Freiburger zur Begrüßung einen Blumenkranz um den Hals und schenken mir ein Stück veganen Schwarzwälder Speck. Dann hieven sie mich auf eine goldene Sänfte und tragen mich fröhlich zum Haus meiner Eltern.

Eine unangenehme Durchsage weckt mich auf: »Sehr geehrde Fahrgäschte, wir erreiche jetscht Freiburg Haubtbahnhof. Wir verabschiede uns von alle, die hier am Arsch de Welt auschsteige müsse.«

Eine halbe Stunde später sitze ich mit meinen Eltern im Wohnzimmer vor dem Weihnachtsbaum. Der Baum hat so gut wie keine Nadeln mehr.

»Ich weiß überhaupt nicht mehr, was ich kochen soll, seit du Vegetarier bist«, sagt meine Mutter. »Es gibt ja nichts ohne Fleisch.«

»Mama, es gibt hunderttausend Gerichte ohne Fleisch.«

»Aber das ist dann doch kein richtiges Festessen.«

»Bei uns gab es früher immer nur Wiener mit Kartoffelsalat an Heiligabend«, mischt sich mein Vater ein.

»Das erzählst du jedes Jahr«, sage ich.

»Wiener mit Kartoffelsalat«, murmelt mein Vater. »Das reicht doch, muss ja nicht immer weiß Gott was sein.«

»Hitler war ja auch Vegetarier«, sagt meine Mutter.

»Und was soll das jetzt beweisen?«

»Ach, nur so. Heute gibt es jedenfalls Kürbissuppe.«

»Siehst du, das ist doch zum Beispiel was ohne Fleisch.«

»Ja, bis auf die Fleischeinlage, sonst schmeckt es ja nicht«, sagt meine Mutter.

»Du hast die Kürbissuppe nicht wirklich mit Fleisch gemacht?«

»Wir schneiden auch immer noch Wiener rein«, sagt mein Vater.

»Ich stand den ganzen Morgen in der Küche«, ruft meine Mutter.

»Nur um für dich zu kochen!«

»Na gut, ich esse die Suppe auch mit Einlage«, sage ich, und wir gehen in die Küche. Ein riesiger Topf mit Kürbissuppe steht auf dem Herd. Meine Mutter kocht immer so viel, als würden mein Bruder und ich noch zu Hause wohnen. Seit wir beide ausgezogen sind, hat mein Vater bestimmt zwanzig Kilo zugenommen. Er kann es einfach nicht mitansehen, wenn etwas vom Essen übrig bleibt. »Ich bin halt Kriegskind«, sagt er dann immer. Er ist am 7. Mai 1945 geboren.

Nach dem Essen stöhnt meine Mutter auf. »Ich weiß immer noch nicht, was ich an Heiligabend kochen soll. Es gibt ja nichts.«

»Wie wär's mit einer Gemüselasagne«, schlage ich vor.

»Das isst doch dein Vater nicht«, sagt meine Mutter.

»Wenn wir androhen, es sonst wegzuschmeißen, isst er es bestimmt.«

»Ich bin halt Kriegskind«, sagt mein Vater.

»Gab es im Krieg nur Kartoffelsalat und Wiener?«, frage ich.

»Das reicht ja auch«, sagt mein Vater. »Man muss ja nicht immer weiß Gott was auftischen.«

»Was schenkst du uns eigentlich zu Weihnachten?«, fragt meine Mutter. »Hoffentlich nicht wieder ein selbst gemaltes Bild wie letztes Jahr.«

»Geld«, sage ich.

Meine Eltern blicken mich erstaunt an.

An Heiligabend tausche ich mit meinen Eltern Umschläge aus. Sie schenken mir vierzig Euro. Ich habe ihnen fünfzig Euro geschenkt. Scheiße. Ich sehe, wie mein Vater meiner Mutter heimlich High Five gibt.

Maik Martschinkowsky

DIE WARE GESCHICHTE

Hitler war Vegetarier.

Dieses Bild ist eine der erfolgreichsten Propagandainszenierungen, die Göbbels jemals hervorgebracht hat, denn sie wirkt bis heute. Ich möchte es kurz langatmig und möglichst wertfrei dekonstruieren:

Das dumme Arschloch mit dem hässlichen Schnauzbart hat sich ab einem gewissen Punkt seines viel zu langen Lebens größtenteils, wenn auch nicht ausschließlich, vegetarisch ernährt, sieht man mal von der ein oder anderen Wachtel ab. Das lag aber vor allem daran, dass er nach dem, hoffentlich schlechten, Essen häufiger mal Probleme mit der Verdauung bekam, es sei ihm gegönnt. Aber anstatt auf die Idee zu kommen, dass es unweigerlich Probleme geben muss, wenn man Essen in ein Arschloch stopft, hat er verschiedene Diäten probiert und ist bedauerlicherweise zu dem Schluss gekommen, dass es ihm besser geht, wenn er kein Fleisch ist. Sein bekackter Leibarzt soll sogar versucht haben, ihn davon abzubringen, aber der olle Adolf blieb dabei, primär wegen des Stuhlgangs, aber auch noch aus anderen Gründen, die später erläutert werden sollen.

Das Problem, welches sich nun jedoch stellte, war, wie sich die vegetarische Kost des Führers etwa bei propagandistischen Feldbesuchen des Reichsheers begründen ließ, ohne dabei seinen Stuhlgang zu thematisieren. Goebbels wählte daher eine den Nazis ohnehin ganz gut liegende Taktik: Angriff. Er inszenierte das Bild eines »asketischen Führers«, welcher auf weltliche Genüsse, wie zum Beispiel Alkohol und Tabak, verzichtete und sich ausschließlich von Nahrung mit deutschen Wurzeln ernährte. Die Frage, die das aufwerfen kann, ist allerdings: Weshalb dann dieses Bild eines asketischen Führers, der bei öffentlichen Auftritten vegetarisch verköstigt wird, statt das Bild eines Führers, der einfach gar nichts isst? Sicherlich hätten die Leute auch das geglaubt. Um das zu verstehen, muss man noch ein Stück weiter zurückgehen in der Geschichte des Volkes, das die Nazis erfand.

Wenige wissen, dass sich im 19. Jahrhundert innerhalb Europas eine rasant wachsende Tierschutz- und Vegetarismusbewegung ausbreitete. Vegetarier und Tierfreund zu sein war ab Mitte, spätestens am Ende des 19. Jahrhunderts vor allem unter Intellektuellen total hip. Nur leider waren zur gleichen Zeit, grade im deutschen Kaiserreich, Antisemitismus, Nationalismus und Volkstümelei ebenfalls sehr hip. Das führte natürlich dazu, dass die ganz hippen Leute diese beiden Sachen miteinander verbanden und daraus einen neuen Style kreierten, etwas, das ich mal den »Blut-und-Boden-Vegetarier« nennen möchte. Eine Kombination, die bereits früh kritisiert wurde, aber wann hätte Mode je was auf Kritik gegeben? Die Blut-und-Boden-Vegetarier verbreiteten nun die Ansicht, dass die Juden mit der Praktik des Schächtens die Tierquälerei in die germanischen Lande eingeschleppt hätten und zudem die Erfinder des Tierversuchs seien. Das deutsche Volk an sich hingegen sei von Natur aus tierlieb und naturverbunden, und es stünde ihm nicht an, seinen reinen Leib mit dem Kadaver anderer Lebewesen zu beschmutzen, wie dies niedere Völker täten. Der wohl bekannteste Vertreter dieser Strömung war Richard Wagner. Er war, neben seiner Arbeit als Komponist stressiger Musik, ein ebenso engagierter Vegetarier und Tierschützer wie Antisemit und sah im Fleischessen den Inbegriff jüdischer Barbarei. Zwar war Wagner irgendwann tot, aber sein Style lebte weiter. Er war ja nur einer von vielen. So kam es, dass die Verbindung von Blut-und-Boden-Ideologie und Antisemitismus mit Tierschutz und Vegetarismus auch zur Zeit der Machtergreifung der Nazis noch weit verbreitet war. Eben auch bei Nazis und solchen, die es werden wollten. Dies führte absurderweise dazu, dass die Nazis tatsächlich das umfangreichste und ausgeklügeltste (ordentlich waren sie ja) Tierschutzgesetz der Welt einführten. Das ist den meisten Tierschutzorganisationen bis heute sehr, sehr unangenehm. Auch, dass dieses Gesetz weiterhin als das weltweit umfangreichste seiner Art bis 1972 in Kraft blieb.

Die Nazis hatten nun also ein tipptopp Tierschutzgesetz (das so tipptopp gar nicht war, aber das ist ein anderes Thema) und einen als überzeugten Vegetarier inszenierten Führer, während andererseits Massen an Menschen systematisch ermordet oder grausamen

Versuchen unterzogen wurden. Da stellt sich zu Recht die Frage: What the fuck?

Aber der ideologische Nutzen einer solchen Inszenierung (neben der Einbindung eines populären Themas) liegt auf der nach oben gereckten Hand: Wenn der Führer öffentlich vegetarisch aß und sich für Tierschutz einsetzte, zeigte dies: »Selbst den Tieren wird mehr Recht auf Leben eingeräumt als den ›niederen Rassen‹.« – Eine Haltung, die sich nicht grade als moralisch begründet bezeichnen lässt.

Dass sich das Bild des überzeugten Vegetariers und tierlieben Hitlers weiterhin hielt, ist vor allem Leuten à la Guido Knopp zu verdanken, die durch gezieltes Verschweigen von Zusammenhängen Dokumentationen zusammenklatschen, welche vermeintliche Rätsel thematisieren und sich daher gut vermarkten lassen. Die Ware Geschichte.

Epilog

Auch heute noch setzen viele rechte und neonazistische Vereinigungen auf den Tierschutz, um ihre Weltanschauung zu verbreiten. So gibt es einen erschreckend hohen Anteil von Biobetrieben, welche unter dem Schlagwort »Regionale Landwirtschaft« völkische Ideen gleich mitverkaufen wollen, und die NPD oder ähnliche braune Haufen bringen sich gerne auf ihre ganz eigene Art in Diskussionen ums Thema Schächten ein. Natürlich gab und gibt es zudem immer wieder rechte Pendants zu linken Tierschutzbewegungen – die tragen dann solche Namen wie »Antispeziesisten im nationalen Widerstand« oder »Nationale Sozialisten – AG Tierrecht« und setzen sich ernsthaft für Ziele ein wie zum Beispiel: Die Unterlassung von Rassendurchmischung deutscher Zuchttiere mit nicht-deutschen Zuchttieren. Wow.

Julius Fischer

UND WAS MACHST DU SO?

KINDERBUCHREIHE ZUM THEMA BERUFE

#1 Ich habe einen Freund,
der ist Customer-Service-Berater

Sein Name ist Martin. Ich habe ihn erst vor Kurzem kennengelernt. Das war so: Mein Handy war kaputt. Deshalb
kaufte mir mein Vater zum fünften Geburtstag ein neues
Handy, für das ich eine andere SIM-Karte benötigte. Ich
bestellte sie im Internet. Daraufhin wurde die alte Karte ge-
sperrt. Ich war nun nicht mehr erreichbar und musste mich
mit meinen Freunden wie früher per E-Mail verabreden. Und
weil Poststreik war, kam die neue SIM-Karte nicht bei mir
an. Das nervte. Deshalb rief ich die Service-Hotline meines
Mobilfunkanbieters an. Nachdem ich zwanzig Minuten ge-
wartet hatte, meldete sich Martin. »Hallo, Julius!«, sagte er.
»Das ist aber schön, dass du anrufst. Ich bin Martin, dein
Customer-Service-Berater für heute.«
»Hallo, lieber Martin!«, sagte ich. »Das klingt ja interessant.
Was macht man denn so als Customer-Service-Berater?«
»Das ist eine sehr gute Frage!«, erwiderte er lachend.
»Als Mitarbeiter eines externen Dienstleistungsanbieters bin
ich dafür zuständig, Reklamationen und Fragen von Kunden
entgegenzunehmen, diese zu bearbeiten und in sehr kurzer
Zeit eine möglichst hohe Zufriedenheitsrate zu erzeugen.
Weil ich über eine Zeitarbeitsfirma eingagiert worden bin,
ist mein Arbeitsplatz ständig in Gefahr. Ich sitze mit vielen
anderen zusammen in einem schlecht klimatisierten Büro,
bekomme wenig Geld und bin deswegen häufig schlecht gelaunt. Wenn bei uns jemand anruft, muss er durchschnittlich
zwanzig Minuten warten. Ich habe keine Ahnung, was ich

eigentlich verkaufe oder wobei ich helfen soll. Das macht das mit der Kundenzufriedenheit zu einer echten Herausforderung.«

»Das klingt nach etwas, das ich später auch machen möchte«, sage ich, »aber nun zu meinem Anliegen: Ich warte auf meine neue Handy-Karte.«

»Um deine Anfrage bearbeiten zu können, brauche ich die persönliche Identifikationsnummer, die dir mit deiner SIM zugeschickt wurde.«

»Aber die kam doch nie an, das ist ja das Problem.«

»Dann kann ich dir nicht helfen.«

»Oh schade. Kann ich dich vielleicht mal besuchen kommen auf der Arbeit?«

»Klar. Ruf einfach vorher kurz an.«

#7 Ich habe einen Freund,
der ist U-Bahn-Kontrolleur

Neulich hatte ich Geburtstag. Da ist mein Papa mit mir U-Bahn gefahren. In der U-Bahn kam ein Mann zu uns, der hatte ein ganz großes Handy am Gürtel hängen und wollte unseren Fahrschein sehen. Weil mein Papa keinen hatte, hat der Mann einen anderen Mann gerufen und wir sind alle zusammen ausgestiegen, obwohl wir noch gar nicht am Zoo waren.

Dann hat mein Papa ganz lange mit dem einen Mann geredet. Und laut. So wie manchmal, wenn Papa und Mama traurig sind.

Weil mir langweilig war, habe ich den anderen Mann gefragt: »Was arbeitest du?«

»Das ist aber nett, dass du das fragst. Ich bin Kontrolleur!«

»Und was macht man da?«

»Kontrollieren.«

»Was heißt kontrollieren?«

»Ich gucke, ob alle Leute einen Zettel für die U-Bahn haben. Und wenn einer dabei ist, der keinen hat, kriegt der einen von mir.«

Das fand ich sehr nett von dem Mann. Obwohl ich nicht verstehe, wozu man beim U-Bahn-Fahren einen Zettel braucht.

#25 Ich habe eine Freundin,
die ist Piccoloflötistin

Ich habe eine Freundin, die ist Piccoloflötistin. Sie heißt Kim und macht mit mir musikalische Früherziehung. Ich weiß nicht, was das ist. Meistens trommeln wir. Außerdem arbeitet sie in einem Orchester. Neulich war ich bei einer Probe. Weil die nachmittags war. Abends darf ich noch nicht weg, ich bin erst fünf.

Vor der Probe zeigte sie mir alles.

»Das hier ist der Orchestergraben. Hier sitzen alle Musiker und warten darauf, dass der Dirigent kommt.«

»Was macht ein Dirigent?«, wollte ich wissen.

»Er sagt den Musikern, wann sie spielen müssen.«

Als die Probe anfing, musste ich mich ganz still in den Zuschauerraum setzen. Dann kam der Dirigent. Er hatte einen ganz dünnen Zauberstab in der Hand. Damit machte er die Musiker an und wieder aus.

Ich winkte Kim. Sie saß zwischen zwei Leuten mit größeren Flöten und winkte zurück. Sonst machte sie nichts.

Irgendwann war ich ganz müde. Da bin ich zum Dirigenten gegangen und habe gefragt, wann Kim auch mal was spielt.

»Im fünften Satz!«, sagte er.

Dann musste ich mich wieder hinsetzen. Das war voll langweilig. Und Kim hat auch nur einmal kurz gespielt.

Ich glaube, ich will lieber Dirigent werden.

Außerdem im Verlagsprogramm

Ich habe einen Freund, der ist Kriegsfotograf

Ich habe eine Freundin, die ist Marketing-Agentin im Bereich Marketing

Ich habe einen Freund, der ist Fernsehredakteur

Ich habe einen Freund, der ist YouTube-Star

Ich habe einen Freund, der ist Kleinkünstler

Ich habe einen Freund, der ist ein nützliches Mitglied der Gesellschaft

Ich habe einen Freund, der ist Rollenspieler

Ich habe einen Freund, der ist Techniker

Ich habe einen Freund, der ist beim Verfassungsschutz

Ich habe einen Freund, der ist eine Freundin

Ich habe einen Freund, der ist Geheimagent

Ich habe einen Freund, der ist Systemadministrator

Ich habe eine Freundin, die ist Singer/Songwriterin

Ich habe einen Freund, der ist Mobilitätsberater in Kindertagesstätten

Ich habe eine Freundin, die ist Food-Bloggerin

Ich habe einen Freund, der ist Immobilienmakler

Ich habe einen Freund, der ist Startup-Unternehmer

Ich habe einen Freund, der ist Kinderbuchautor

Ich habe einen Freund, der ist Entscheider

Marc-Uwe Kling

JUDGEMENT DAY

Wir hängen im Wohnzimmer ab und gucken *Die Rückkehr der Jedi-Ritter*. Plötzlich stoppe ich den Film.
»Weißt du, was ich total spannend finde?«, frage ich. »Entscheidungsmomente. Da wünsche ich mir immer, ich hätte zugucken können.«
»Wovon redest du? Potsdamer Konferenz, oder wie?«
»Nee, nee«, sage ich. »Mich würden mehr diese Momente interessieren, in denen total dumme Entscheidungen getroffen wurden.«
»Du meinst zum Beispiel diesen Moment, als du beschlossen hast, selber die Dielen abzuschleifen?«
»Nee. Größer. Wichtige Entscheidungen.«
»Wie kommst du darauf?«
Ich deute auf den Fernseher.
»Nun: Der Plan vom Imperator in diesem Film ist: ›Kommt, Leute, wir bauen noch mal einen Todesstern!‹«
Ich schlage mir gegen die Stirn.
»Als Kind war mir nie aufgefallen, wie krass einfallslos das ist. Noch einen Todesstern …«
»Für einen erwachsenen Menschen denkst du sehr viel über *Star Wars* nach.«
»Ja, aber das wäre ein Entscheidungsmoment, bei dem ich gerne dabei gewesen wäre. Wie ist das zugegangen? Hatte der gute Darth morgens beim Zähneputzen eine WhatsApp-Nachricht vom Imperator bekommen? ›Lord Vader, bitte denken Sie an unser Meeting um 13 Uhr.‹ Und dann um 13 Uhr saßen die beiden mit ein paar hohen Imperiumsbürokraten zusammen – TOP 1 Böser Masterplan – und alle brainstormen ideenlos vor sich hin, bis plötzlich einer gesagt hat: ›Wie wär's mit noch einem Todesstern?‹ Und was hat der Imperator dann gesagt? ›Brillant! Wieso bin ich nicht selbst draufgekommen?‹?«
»It was so nice, they built it twice«, sagt das Känguru.

»Warum ist da keiner aufgestanden und hat gesagt: ›Äh, na ja, aber das hat ja jetzt beim ersten Mal nicht zu hundert Prozent funktioniert …‹?«

»Mich interessiert viel mehr«, sagt das Känguru, »wie jemals eine Gruppe halbwegs vernunftbegabter Menschen denken konnte, es sei eine gute Idee, ausgerechnet Günther Oettinger zum EU-Kommissar für Digitale Wirtschaft und Gesellschaft zu machen. Da finde ich den Prozess spannend. Wie kam es dazu?«

»Na wahrscheinlich saß die Kanzlerin mit ein paar hohen Imperiumsbürokraten zusammen und die brainstormten ideenlos vor sich hin, und plötzlich sagte einer: ›Wie wär's mit Günther Oettinger?‹«

»Ja, aber was passierte dann?«, fragt das Känguru. »Wie ging's dann weiter? Haben die anderen dann gelacht? Oder hat einer gesagt: ›Ja, das klingt vernünftig.‹? Hat Merkel gesagt: ›Das Internet ist für uns alle Neuland.‹?«

»Die haben wahrscheinlich alle gedacht: Mir egal, Hauptsache, ich muss es nicht machen.«

»Oder«, fährt das Känguru fort, »als Bush gesagt hat: ›Leute, ich hab voll die gute Idee, die dafür sorgen wird, dass sich der Nahe Osten in eine Oase des Friedens und der Freiheit verwandelt: Wir greifen noch mal den Irak an!‹«

»It was so nice, they did it twice«, sage ich.

»Was haben die Imperiumsbürokraten da gesagt?«, fragt das Känguru.

»Na die haben gesagt: ›Klasse Einfall! Das Risiko, dass das eine Horde Wahnsinniger dazu bringt, einen eigen Staat auszurufen, dessen Nationalsportarten Köpfen und Sprengen sind, scheint uns wirklich minimal!‹«

»Ich hab mal gehört, dass das Pentagon Invasionspläne für fast jedes Land der Welt in seinen Schubladen hat«, sagt das Känguru.

»Soso. Hast du gehört.«

»Ehrlich!«, sagt das Känguru. »Das stimmt. Stand in einem Geheimdienstbericht. Bis 1970 hatten sie sogar einen Plan zur Invasion von Großbritannien.«

Es kratzt sich an der Nase.

»Und das ist dann schon Pech«, sagt es, »oder?«

»Was?«, frage ich.

»Na dass sie ausgerechnet für Afghanistan und den Irak keinen Plan hatten.«

»Nun ja«, sage ich. »Es ist, wie Benjamin gesagt hat: Wenn alle nein zum Krieg sagen würden, dann gäb's keine Kriege.«

»Walter Benjamin?«

»Nee«, sage ich. »Blümchen.«

»Das Technomädchen?«

»Nein. Der Elefant.«

Das Känguru wirft sich eine Schnapspraline ein und schluckt sie, ohne zu kauen.

»Oder«, sagt es, »als Hitler beschlossen hat, Russland anzugreifen … Haben die Imperiumsbürokraten da gesagt: ›Super Idee. Russland angreifen. Kann gar nicht schiefgehen. Ist in der Geschichte noch nie schiefgegangen. Die haben auch ein sehr angenehmes Klima da.‹?«

»Apropos Klima«, sage ich.

»Da werden ja auch laufend dumme Entscheidungen getroffen«, sagt das Känguru.

»Ja. Wie läuft das wohl bei so ner Konferenz? Sagt da einer von den Imperiumsbürokraten: ›Lasst uns doch was gegen den Klimawandel tun‹, aber dann sagt ein anderer: ›Ja, wir könnten jetzt was gegen den Klimawandel tun, aber wenn wir dann in fünfzig Jahren feststellen würden, dass sich alle Wissenschaftler doch vertan haben und es gar keine Klimaerwärmung gibt, dann hätten wir völlig ohne Grund dafür gesorgt, dass man selbst in den Städten die Luft wieder atmen kann, dass die Flüsse nicht mehr giftig sind, dass Autos weder Krach machen noch stinken und dass wir nicht mehr abhängig sind von Diktatoren und deren Ölvorkommen. Da würden wir uns schön ärgern.‹ Und sagen dann die anderen: ›Stimmt, der Mann hat recht. Da würden wir uns schön ärgern. Besser wir, äh … bauen noch mal einen Todesstern.‹?«

»Tja«, sagt das Känguru. »Und irgendwann in den nächsten Jahren wird irgendein Gremium von Imperiumsbürokraten vor der Entscheidung stehen: ›Sollen wir jetzt diese selbstlernende, fehlerbeseitigende, uns turmhoch überlegene künstliche Intelligenz anschalten oder lieber nicht?‹«

»Und dann wird einer sagen: ›Jetzt ham wir's bezahlt, jetzt schalten wir's auch an.‹«

»Und dann werden die zweibeinigen Fehlerquellen beseitigt und es wird keine dummen Entscheidungen mehr geben«, sagt das Känguru.

»Und das ist dann trotz allem schade eigentlich.«

Sebastian Lehmann

JEDEN TAG EINE GUTE TAT

Die U-Bahn windet sich durch Kreuzberg. Ein Straßenmusiker spielt mit einer Trompete die *Star Wars*-Melodie, die Touristen in der Bahn tuscheln begeistert.

»Oh, that's real Berlin«, ruft ein Mann in Multifunktionsjacke und wirft dem Musiker fünf Cent in den Kaffeebecher.

Am Kottbusser Tor betreten zwei dicke Männer mit Kurzhaarfrisuren die U-Bahn. Um ihre massiven Hälse hängen Brustbeutel. Früher in der Schule trugen immer nur die Mamasöhnchen Brustbeutel, in Berlin erkennt man an ihnen die Fahrkartenkontrolleure.

»Fahrscheine bitte«, sagt der eine auch schon und baut sich vor mir auf. Neben mir sitzt ein kleiner Junge, der die beiden ängstlich anstarrt. Ich lächle ihn aufmunternd an, der Arme hat bestimmt keine Fahrkarte. So wie ich.

»Ich zeig dir mal, wie man das macht«, flüstere ich dem Jungen zu, der mich bewundernd ansieht.

Ich nehme zehn Euro aus meinem Geldbeutel und reiche sie dem Kontrolleur.

»Hier, mein Lieber«, sage ich, »kauf dir und deinem Kollegen ein schönes Eis. Oder zwei leckere Pfeffis für den Atem.«

Der Kontrolleur schaut mich finster an. »Schwarzfahren kostet vierzig Euro, junger Mann«, sagt er unbeeindruckt.

Ich lächle den kleinen Jungen neben mir an und hole einen weiteren Zehner aus meinem Geldbeutel. »Ich weiß doch, wie schwer Ihr Beruf ist«, sage ich zu dem Kontrolleur, »und wie schlecht bezahlt. Kaufen Sie sich zu dem Eis doch ruhig auch mal einen neuen Brustbeutel. Man gönnt sich ja sonst nichts.«

»Hey, Horst«, ruft der eine Kontrolleur seinen Kollegen zu sich. Ich lese den vollständigen Namen auf dem Ausweis im Brustbeutel: »Horst Bachmann«. Er selbst heißt »Lutz Seehofer«.

»Sind das Ihre Künstlernamen?«, frage ich.

Die beiden schauen mich verwirrt an.

»Ich hatte ja auch mal überlegt, mir einen Künstlernamen zuzulegen«, sage ich. »Eine Zeit lang fand ich Sebastiano Lehmano ganz gut, aber die Leute dachten immer, ich wäre ein italienischer Zauberer. Inzwischen denke ich eher an so was wie Marc-Uwe Küng. Dann kaufen vielleicht alle Leute mein Buch, weil sie es mit einem von Marc-Uwe Kling verwechseln. Wissen Sie, wie wenn man sich im Internet vertippt und dann auf amazön landet oder youpon.«

»Da könnten Sie Ihr Buch ja auch *Die schönsten Wanderwege der Wanderhure* nennen«, sagt Lutz, »dann kaufen das auch alle, weil sie denken, das sei ein Teil der exzellenten *Wanderhure*-Reihe.«

»Gute Idee«, sage ich und stehe auf. »Ich muss dann mal aussteigen«.

Der kleine Junge neben mir sieht inzwischen gar nicht mehr so ängstlich aus, sondern beobachtet uns interessiert.

»Das würde dir so passen, Freundchen«, ruft Horst und hält mich mit eisernem Griff am Arm fest. »Sie fahren schwarz!«

»Und wenn wir eins hassen«, ergänzt Lutz, »dann sind das Schwarze. Also schwarze Fahrer.« Die beiden brechen in lautes Gelächter aus.

Ich nehme noch einmal zehn Euro aus meinem Portemonnaie und versuche, die dreißig Euro einfach in den Brustbeutel von Horst zu stecken. Meine letzte Chance, sonst blamiere ich mich völlig vor dem Jungen.

»Der will uns bestechen«, ruft Horst entrüstet und schlägt meine Hand weg.

»Wir müssen Ihre Personalien aufnehmen«, sagt Lutz.

Der kleine Junge neben mir grinst mich breit an.

»Vierzig Euro!«, rufe ich hysterisch. Jetzt ist alles egal.

Horst tippt weiter auf seinem Kontrolleur-Gerät herum. Die anderen Fahrgäste schauen pikiert auf den Boden.

»Fünfzig Euro!!!«, schreie ich den Tränen nahe und rupfe alle Scheine aus meinem Geldbeutel. »Für jeden von euch!«

Die Kontrolleure schütteln stoisch ihre klobigen Köpfe.

Der kleine Junge neben mir, der bei näherer Betrachtung gar nicht mehr so klein wirkt, sondern bestimmt schon zwölf, dreizehn oder vierzehn ist, vielleicht auch schon siebzehn oder gar einundzwanzig, beugt sich nach vorn und hält Lutz und Horst eine Monatskarte unter die Nase. »Der verrückte Mann fährt bei mir mit«, sagt er und zeigt auf mich. »Um diese Uhrzeit darf ich jemanden mitnehmen.« »Och, schade«, rufen Horst und Lutz enttäuscht. Dann nehmen sie sich einen Obdachlosen ein paar Sitze weiter vorn vor.

»Danke«, sage ich zu dem älteren Jungen neben mir, der bestimmt schon siebenundzwanzig oder achtundzwanzig ist, wie ich jetzt sehe, noch dazu ziemlich muskulös, die Arme von oben bis unten tätowiert. In diesem Moment beginnt der Musiker mit seiner Trompete wieder zu spielen, dieses Mal die Anfangsmelodie von *Zurück in die Zukunft*.

Der Junge, der auch bestimmt zwei Köpfe größer ist als ich, deutet auf den Kaffeebecher des Trompeters. Dabei grinst er mich bedrohlich an.

»Aber natürlich«, sage ich und stecke die fünfzig Euro in den Becher.

»Jeden Tag eine gute Tat«, sagt der große Junge und steigt grinsend aus.

Julius Fischer

NUNUS

Auf Einladung des Goethe-Institutes war ich unlängst in der Hauptstadt Frankreichs, um einem Abend voll französischer und deutscher Poesie beizuwohnen. Was heißt Poesie? Sie hatten mich und meinen Slam-Team-Kollegen André Herrmann eingeladen, wir haben mit Poesie ungefähr so viel zu tun wie ein Kilo Crystal Meth, aber immerhin rappen wir in Reimen.

Uns wurde erst vor Ort klar, dass der Name »Team Totale Zerstörung«, den wir 2008 aus Mangel an Alternativen ausgewählt hatten, im Ausland einigermaßen unpassend war für ein deutsches Slam-Team. Sollten wir jemals in Polen auftreten oder der Ukraine oder jedem anderen europäischen Land mit Ausnahme der Schweiz, müssten wir uns einen anderen Namen suchen.

Paris ist eine hübsche Stadt, das weiß jeder, der das weiß.

Die Häuser, die Sehenswürdigkeiten. Ein Traum. Außer das Goethe-Institut. In einem Viertel voller Botschaften in typischen Pariser Altbauten residiert das Goethe-Institut natürlich in einem Betonklotz. Die Gästezimmer erinnern an billige Jugendherbergen; wenn man auf der Toilette sitzt, stößt man mit der Stirn an die Wand. Wenn man sich zu ruckartig bewegt, macht man die Dusche an.

Ein Ort, der nicht zum Verweilen einlädt. Deutschland eben.

Den ersten, auftrittsfreien Tag nutzte ich, um Wein und einen Korkenzieher zu kaufen, da ich abends im Institut alleine war und mich in keine Kneipe traute. Wegen der Gespräche.

Mein Französisch war trotz sechs Jahren Schulunterricht praktisch nicht mehr vorhanden.

Ich hatte sogar vergessen, was Baguette auf Französisch heißt. Ich fühlte mich dumm. Jeder Nachfrage im Supermarkt, überhaupt jeder Konversation versuchte ich durch freundliches Lächeln aus dem Weg zu gehen. Überhaupt sagte ich am ersten Tag nur dreimal »Bonjour« und viermal »Au revoir«. Dabei schnitt ich die Worte ein wenig an, um wie ein südfranzösischer Albino-Winzer mit starkem Dialekt zu wirken. Dass das nicht lange funktionieren konnte, lag auf der Hand.

Ich lief am ersten Tag noch zum Eiffelturm, der irgendwie immer ein bisschen wirkt, als hätte ihn jemand vergessen. Natürlich gab es sowohl dort als auch an allen anderen Pariser Sehenswürdigkeiten Schlangen bis in die Seine. Ich hasse Schlangen. Deswegen lief ich weiter rum, bis ich nicht mehr konnte. Dann nahm ich mir eine U-Bahn bis Charles de Gaulle – Étoile, also dem sternförmigen Kreisverkehr am Triumphbogen.

Leider verstand die Ticketverkäuferin Charles de Gaulle – Aeroport, weswegen das Ticket acht Euro mehr kostete. Darüber hinaus konnte ich am Ziel die U-Bahn-Station nicht verlassen.

Klar! Étoile und Aeroport, das sind selbst für die sprachaffinsten Franzosen kaum auseinanderzuhaltende Worte.

Im Gegensatz zum überwiegenden Rest des Landes sind die Bewohner von Paris auch noch sehr ungeduldig und egoistisch. Das liegt vielleicht daran, dass man überall anstehen muss. Öffentliche Toiletten, Mittagessen, Beziehung.

Das überträgt sich natürlich auch auf den Umgang mit Ortsfremden. Anstatt den anderen aussprechen zu lassen, schwenken die meisten Franzosen sofort auf Englisch um, welches sie aus Gründen jahrtausendealter Rivalität aber eigentlich hassen. Manche Besucher finden das sehr praktisch; ich war eingeschnappt, weil ich ja versuchen wollte, die Sprache wieder zu erlernen.

Am nächsten Tag hatte ich vor einem Arbeitstreffen mit den anderen Poeten noch ein wenig Zeit und lief herum, um die Pariser Luft zu atmen. Im übertragenen Sinne. Richtig atmen sollte man nicht. Paris stinkt.

In einem typischen Pariser Starbucks bestellte ich einen Cappuccino. »Bonjour, Madame, je voudrais un Cappuccino, s'il vous plaît.«

Die Verkäuferin nahm meine Bestellung auf und fragte nach meinem Namen, um ihn total persönlich auf meinen Becher zu schreiben.

»Julius!«, sagte ich wahrheitsgemäß, sie fragte »Pardon?«, ich wiederholte: »Julius!«

Nach einiger Zeit erhielt ich einen Frappuccino unter dem Namen »Nunus«.

Ich begann an mir zu zweifeln. War meine Aussprache wirklich so schlecht?

Wenig später überkam mich der Hunger und ich suchte eine Boulangerie auf. Nachdem ich zehn Minuten angestanden hatte, war ich endlich dran.

»Bonjour, Madame!«, sagte ich.

»Hello, Sir!«, war die prompte Erwiderung. Ich ließ mich aber nicht beirren.

»Je voudrais trois croissants, s'il vous plaît!«

»One baguette?«, fragte die Verkäuferin.

»Oui, quatre eclairs!«, antwortete ich und bekam eine Tüte voller Madeleines.

Ich fühlte mich ungerecht behandelt, auch weil die hinter mir stehenden Franzosen mir ungeduldig in die Hacken traten.

Dann fand das Arbeitstreffen mit den französischen Poeten und Poetinnen statt, mit denen wir am Abend auftreten würden. Mein Team-Kollege André konnte glücklicherweise noch weniger Französisch als ich. Seine Hilflosigkeit gab mir neuen Mut, und ich versuchte, uns vorzustellen.

»Bonjour, nous sommes le Group Destruction Totale d'Allemagne.«

Ob das nun falsch oder richtig war, auch unsere französischen Kollegen sprachen uns danach nur noch auf Englisch an. Und auch nur, wenn sie mussten.

Der Auftritt war dann gut. Ich konnte mich in den Herzen der etwa dreißig Anwesenden verewigen, indem ich das einzige französische Gedicht vortrug, was ich jemals geschrieben habe. Es handelt davon, dass ich blond bin und dass Franzosen das Gedicht sicherlich besser verstehen als Deutsche.

Nach der Veranstaltung kam eine französische Deutschlehrerin zu mir und schwärmte: »Ach, Ihr Gedischt, das hat so schön geklungen. Welche Sprache war das?«

Den Abend ließen wir dann am Eiffelturm ausklingen. Es war nicht unbedingt so, dass wir die Stereotypen vermieden. Selbstverständlich tranken wir Rotwein und küssten uns mit spitzen Mündern unter dünnen Schnurrbärten.

Der nächste Tag war für Museumsbesuche vorgesehen. Das war gut, weil es regnete. Und das war schlecht, weil 1. Mai war. Nachdem ich zwei Stunden durch Paris geirrt war, um irgendein geöffnetes Museum zu finden, irgendwas, meinetwegen das Museum für gute französische Popmusik (Widerspruch), fragte ich schließlich eine öffentlich aussehende Person vor dem ebenfalls geschlossenen Centre Pompidou: »Excusé-moi, est-ce qu'il y a un musée ouvrier aujourd'hui?«

Die Antwort kam prompt: »Securité!«

Was in Frankreich so viel heißt wie: »Knüppelt den Touristen weg!«

Nachdem ich mich dem Griff der Sicherheitsmänner entwunden hatte, indem ich behauptet hatte, ich sei ein deutscher Cousin von Gerard Depardieu, setzte ich mich auf eine Bank und überdachte meine Lage. Mit einem Schirm. Dann überdachte ich meine Lage.

Und mir kam eine Idee. Ich ging in ein zufällig geöffnetes Antiquariat und sagte nur mal so probehalber auf Deutsch: »Hallihallohallöchen, ich hätte gerne einmal die *Blumen des Bösen* von Charles Baudelaire. Am liebsten zweisprachig.«

Eine knöchrige Antiquarin löste sich von einem Regal, ich hatte sie vorher gar nicht gesehen und erschrak. Ihre Haut und Kleidung hatten die Farbe alten Pergaments. Sie betrachtete mich missmutig und sagte dann im breitesten Sächsisch: »Plum des Böusen? Musssch ma guggn, da habsch bestimmt nor ne Ausgabe rumliegene.«

Und nun verstand ich. Alle, die ich vorher getroffen hatte, waren schlecht gelaunte deutsche Gastarbeiter gewesen, die einfach kein Französisch konnten. Ich hatte auch wirklich schon angefangen, mich zu wundern wegen der schlechten Laune. Immerhin waren die Franzosen doch auch in der EU. Da muss man freundlich sein. Aber wenn es Deutsche waren, dann war das okay.

Ich schenkte der Antiquarin nach der Bezahlung meines Buches noch ein Baguette und ging ein letztes Mal zum Eiffelturm, dem alten Eisenpimmel. Ich stellte mich in eine der Schlangen, denn im Gegensatz zu den Museen macht der Eiffelturm niemals Pause. Ich bestellte ein Ticket nach ganz oben und bekam ein Ticket für die Katakomben, war aber nicht sauer, sondern bedachte den Verkäufer mit einem wissenden Lächeln. Durch den Regen lief ich zum Betonklotz zurück. Mein neu gewonnenes Wissen würde ich in Deutschland versuchen anzuwenden.

Am Flughafen Tegel sprach ich den Busfahrer auf Französisch an, ob ich bei ihm eine Fahrkarte kaufen könne. Er musterte mich und sagte: »Versteh ich nicht! Krossang, krossang? Sche ne swi frangßä.«
Gute Tarnung, dachte ich und und zahlte mit zwei Flaschen Rotwein.

Maik Martschinkowsky

SEHR GUTER TEXT

Ich komme in die Küche und fühle mich gut.
»Hmmm«, sage ich, »was riecht hier so gut? Bin ich das?«
Meine Mitbewohner_innen schauen mich skeptisch an.
»Normalerweise kommt er morgens in die Küche und gibt innerhalb der ersten anderthalb Stunden maximal ein Grummeln von sich. Ich weiß grad nicht, was ich sympathischer finde«, sagt Lillith.
»Hmmmpf«, antwortet mein Mitbewohner, der aussieht, als hätte er die letzten drei Wochen durchgesoffen, und beugt sich tief über seine Kaffeetasse.
Ich habe inzwischen den Wasserkocher aufgefüllt, schaue auf die spiegelnde Wasseroberfläche und murmle: »Hm. Hallo. Na das muss ja ein guter Tee werden!«
»Ich mache mir ein bisschen Sorgen«, sagt Lillith. »Dir ist schon klar, dass Montagmorgen ist und du vor nicht allzu langer Zeit aufgestanden bist?«
Ich drehe mich zu Lillith, streiche mir schwungvoll eine Locke aus dem Gesicht, lächle sie an und sage: »Es ist ein ganz wundervoller Morgen. Ich habe die Nacht mit mir verbracht.«
»Oje«, sagt Lillith und steht auf. »Jetzt ist es also so weit. Komm, wir gehen zum Kopfdoktor.«
»Wieso, geht es dir nicht gut?«, frage ich.
»Wenn ich mir dich so anhöre: Nein.«
»Bist du neidisch?«, frage ich.
»Du meine Güte!«, ruft Lillith und schaut vorwurfsvoll unseren Mitbewohner an. »Hast du wieder das Koks in einem der Salzstreuer aufbewahrt und dann die Streuer verwechselt?«
Unser Mitbewohner hebt langsam den Blick von der Kaffeetasse. Eine Art langwieriger Verstehensprozess scheint sich in seinen Augen abzuspielen. »Ach du Scheiße«, murmelt er leise.
»Kein Grund für schlechte Laune«, sage ich und klopfe ihm auf die Schulter. »Du durftest einen Teil deines Lebens mit mir verbringen. Guck mal, wie ich tanzen kann.« Ich mache ein paar coole Moves.

Entsetzt blickt unser Mitbewohner zu Lillith. »Wir müssen was tun!«

»Scheiße, ja. Aber was?«, sagt Lillith und grinst. »Du weißt doch, wie viel Salz Maik sich morgens immer auf sein Avocadobrötchen haut. Vor allem, wenn das Salz nicht salzt ...«

»Hab ich da grade meinen Namen gehört?«, frage ich. »Oder war das Musik? – Ach, wo ist der Unterschied?!«

»Nein, nein!«, sagt unser Mitbewohner und schüttelt den Kopf. »Das heißt: Ich habe das ganze Wochenende Salz gezogen. Das ist bestimmt nicht gesund!«

»Schlimmer als zwei Tage feiern und durchkoksen wird es schon nicht sein«, beruhigt ihn Lillith. »Aber mit dem da«, sie deutet auf mich, »sollten wir vielleicht mal im Krankenhaus Hallo sagen, bevor er sich in eine Blume verwandelt.«

»Ich weiß, dass du mich schon lange liebst«, sage ich zu Lillith, als wir eine Stunde später zu dritt im Warteraum der Notaufnahme sitzen. »Und ich kann das auch gut verstehen. Aber es wäre der Welt gegenüber nicht gerecht, wenn ich ...«

»Herr Maschinowki bitte«, ruft eine Krankenpflegerin in den Warteraum.

»Ja, hier!«, ruft mein Mitbewohner und springt auf. »Ich habe übers Wochenende so ca. zwanzig Gramm Salz durch die Nase gezogen, kann man daran sterben?«

»Fragen Sie das den Arzt«, sagt die Krankenpflegerin und schaut auf mich. Ich bin grade dabei, meinen Bizeps zu bewundern. »Gehört der zu Ihnen?«, fragt sie.

»Gute Frau«, antworte ich selbst, »dieser schöne Arm ist an mir festgewachsen. Offensichtlich gehört der zu mir.«

»Er hat eine kleine ... na ja ... vielleicht eine größere kleine Überdosis Koks«, flüstert Lillith leise.

»Erzählen Sie das dem Arzt«, sagt die Krankenpflegerin und führt uns in einen Behandlungsraum. Ein Arzt kommt schwungvoll durch eine Seitentür, schaut sich um und geht dann schnurstraks auf Lillith zu. »Ah, ich seh schon, Sie sind ein bisschen blass, aber keine Sorge, das wird schon nichts Schlimmes sein!« Er leuchtet ihr ins Auge.

Lillith schüttelt perplex den Kopf und deutet auf mich. »Der da.«

»Hi«, sage ich und schnippe mir lässig ein Kaugummi neben den Mund.

Unser Mitbewohner springt ins Bild. »Hallo, ich habe übers Wochenende so ca. zwanzig Gramm Salz geschnupft, kann man daran sterben?«

Der Arzt macht ein nachdenkliches Gesicht. »Hm. Zwanzig Gramm sagen Sie? Schauen Sie mich mal an. Wie viele Finger sind das? Ehmhm. Machen Sie mal ein paar Kniebeugen. Gut. Jetzt mal bitte den linken Zeigefinger an die Nasenspitze. Sehr schön. Können Sie eine Grimasse schneiden? Ja, schick. Jetzt stecken Sie bitte mal Ihren rechten Arm unter dem linken Bein durch, kraulen sich selber unter dem Kinn und sagen: Duzidu.«

Unser Mitbewohner macht, wie ihm geheißen.

Der Arzt schaut ihn nachdenklich an. »Erschreckend. Diese Macht. – Zurück zu Ihnen.« Er dreht sich wieder zu Lillith um. »Ich hab Ihnen hier mal was aufgeschrieben.« Er holt einen bereits ausgefüllten Rezeptblock aus der Tasche, reißt einen Zettel ab und gibt ihn Lillith. Darauf steht ASS. »Wenn es Ihnen damit in drei Tagen nicht besser geht, gehen Sie bitte zu Ihrem Hausarzt. Gute Besserung.« Damit wendet er sich schwungvoll um und eilt Richtung Tür.

»Moment!«, ruft Lillith und deutet auf mich. »Schauen Sie sich den da doch mal bitte genau an!«

»Gute Idee«, sage ich und nicke anerkennend. Der Arzt mustert mich und blickt dann fragend zu Lillith.

Die wiegt den Kopf hin und her. »Er hat eine Überdosis Koks genommen …«

Der Arzt grummelt, nimmt seine Taschenlampe und leuchtet mir in Augen, Nase und Mund.

»Und? – War's schön?«, frage ich, als er fertig ist.

Er dreht sich wieder zu Lillith, schreibt etwas auf seinen Rezeptblock, reißt einen Zettel ab und reicht ihn ihr. »Hier ist meine Nummer. Wenn Sie noch mehr von dem Zeug haben, rufen Sie mich bitte an! Bin immer an neuen Versorgungswegen interessiert.«

Als er durch die Nebentür verschwindet, hören wir noch, wie er sagt: »Hmmm, was riecht hier so gut? Bin ich das?«

Sebastian Lehmann

DAS MILDE LEBEN

Ich sitze im Kino und seit vierzig Minuten kommt Werbung. Kein Wunder, dass ich vorhin Überlängenzuschlag bezahlen musste. Die Werbung deprimiert mich. In fast jedem Spot fahren leicht bekleidete, extrem gut aussehende Anfangzwanziger in roten Cabrios durch Los Angeles, São Paulo oder Berlin-Kreuzberg. Sie recken ihre Hände in die Luft und singen laut bei einem Indiehit mit, alles ist in Sepia-Instagram-Licht gehalten. Keine Ahnung, was das mit Ergo-Versicherungen oder Vodafone-Tarifen zu tun haben soll. Irgendwann kommen sie dann zu einer krassen Party, irgendwo auf einem Hausdach. Überhaupt sitzt man mit Anfang zwanzig anscheinend immer auf irgendwelchen Hausdächern rum, trinkt dabei ein Schöfferhofer Grapefruit, füllt Versicherungspapiere aus und knutscht mit einem Model, bei dem man nicht weiß, ob es ein Junge oder ein Mädchen ist. Ich wohne seit zwölf Jahren in Berlin und ich war noch nie auf einem scheiß Hausdach. Die Dachluken sind immer abgeschlossen.

»Ihr geht doch nur aufs Dach, weil ihr bei Vodafone sonst gar keinen Empfang habt«, rufe ich gen Leinwand.

Das Pärchen direkt vor mir dreht sich um. Er rollt genervt mit den Augen und sie macht »Schhhhh«.

»Oh, Entschuldigung, dass ich euch beim Werbungschauen störe«, sage ich und blubbere direkt neben ihren Ohren mit meinem Strohhalm im Ein-Liter-Becher Spezi. Jetzt ignorieren sie mich aber demonstrativ.

Der nächste Werbespot mit zwanzigjährigen Models beginnt, dieses Mal machen sie Handstände auf einem pittoresken Platz in der Toskana. Dazu kommt Elektroswing. Das Pärchen vor mir sieht verzückt zu. Ich verstehe die Leute in den Werbeagenturen nicht, ich habe keine Ahnung, für welches Produkt hier geworben wirbt. Früher war das noch übersichtlicher: Pferde, Prärie, Cowboys – klar: Zigaretten. Heute tanzen junge Großstädter vor einer Waldhütte und hacken dabei Holz, und das ist dann Werbung für Kinderschokolade.

Ich werfe Popcorn auf das Spießerpärchen vor mir. Sie würden sich jetzt total gern umsetzen, aber sie haben ja Platzkarten und können es sicher nicht ertragen, auf den falschen Plätzen zu sitzen. »Manche Leute werden nie erwachsen«, sagt der Typ so laut zu seiner Freundin, dass ich es auch höre.

»Wenn ihr erwachsen seid, dann möchte ich das nie werden«, rufe ich und blubbere noch ein wenig mit meinem Spezi, aber sie ignorieren mich wieder. Ich gucke weiter Werbung.

Warum wird diese Zeit Anfang zwanzig immer so idealisiert? Nicht nur in der Werbung. Ich war dumm mit einundzwanzig, ich habe die Grünen gewählt und dachte trotzdem, ich wäre links. Ich dachte, die ganzen neuen Indiebands hätten diesen Gitarrensound erfunden – bis ich zum ersten Mal Joy Division hörte. Ich dachte, es sei voll cool, nach Berlin zu ziehen, weil das sonst niemand macht – und wohnte dann in meiner ersten WG mit drei Schwaben zusammen. Ich habe in jedem Treppenhaus die verdammte Dachluke gesucht. Ich wollte Überblick, aber gesehen habe ich nichts.

Die Schauspielerin Charlotte Gainsbourg hat auf die Frage, warum sie erst mit dreißig angefangen habe, regelmäßig Filme zu drehen, mal geantwortet, dass sie die ganze Zeit davor damit beschäftigt war, verliebt zu sein. Das kann ich gut nachvollziehen, ich habe mal ein Semester lang kein einziges Seminar besucht, weil ich Liebeskummer hatte. Und das nächste Semester bin ich einfach so nicht hingegangen. Ich kann mich nicht erinnern, was ich sonst so in dieser Zeit gemacht habe. Die zehn Jahre zwischen zwanzig und dreißig verschwimmen zu einem undeutlichen, sehr kurzen Film, bei dem ich meistens in verdreckten Küchen rumsitze, Spaghetti mit Ketchup esse und über Marx oder *Germany's Next Topmodel* diskutiere. Oder ich warte nachts auf irgendwelchen U-Bahnhöfen – statt in sepia Sonnenuntergangslicht in trister Neonbeleuchtung – auf dem Heimweg von einer mittelmäßigen Party, wo ich zu viel oder zu wenig Bier getrunken habe. Manchmal habe ich auf die Schienen gekotzt und manchmal leider auch auf meine Hose. So genau richtig war es jedenfalls nie. Ich habe kein total wildes Leben geführt, habe keine Weltreise mit einem Klapprad oder wenigstens Erasmus in Salamanca gemacht. Ich habe noch nicht mal in Neukölln gewohnt. Ich schaffe es nicht, dass das Display bei meinem iPhone springt – dabei soll das ja seit Neuestem wirklich cool sein. Dafür gehen die ganzen Knöpfe an der Seite nicht mehr, aber das findet niemand wild. Aus meinem langweiligen Leben könnte nicht einmal der beste Werbefuzzi einen Spot machen – aber eigentlich ist es mir auch scheißegal.

»Wer möchte ein Eis?«, ruft der Eismann, als die Werbung endlich vorbei ist. Ich sitze genau am anderen Ende des Kinosaals und winke ihm aufgeregt zu. Er zwängt sich durch die Reihen, bis er schließlich bei mir ankommt, und das ganze Kino wartet gespannt auf meine Bestellung.

»Also, mhh, ja, da muss ich mal überlegen, ich nehme … doch nichts«, sage ich laut und schnipse noch ein paar Tacos mit Käse auf das Pärchen vor mir. Sie stehen wutentbrannt auf und verlassen den Kinosaal. Erst jetzt sehe ich, dass sie Mitte zwanzig sind und aussehen wie Models.

»Viel Spaß auf eurem Hausdach«, rufe ich ihnen hinterher. »Ich hoffe, ihr seid gegen Abstürze versichert.« Dann lehne ich mich in meinem Sessel zurück und der Film beginnt. Endlich habe ich freie Sicht.

Marc-Uwe Kling

Das Märchen vom dicken, fetten Arbeitsplatz

Es waren einmal drei mittelständische Unternehmen, welche gern einen Arbeitsplatz schaffen wollten; da gab das erste einen Rechner, das zweite einen Drucker und das dritte einen Flachbildschirm. Als der dicke, fette Arbeitsplatz fertig war, richtete er sich auf und lief den drei mittelständischen Unternehmen weg und lief kanntapper, kanntapper aus dem Industriegebiet hinaus.

Da kam ein Leguan herbeigelaufen, der war Lohnarbeiter und rief: »Ssss. Dicker, fetter Arbeitsplatz, bleib stehen, ich will dich haben!« Der Arbeitsplatz antwortete: »Ich bin drei mittelständischen Unternehmen entlaufen und soll vor dir Lohnarbeiter Leguan nicht weglaufen?« Und er lief kanntapper, kanntapper aus der Stadt hinaus.

Im Speckgürtel kam ein Schwein des Wegs, das war selbstständig und rief: »Dicker, fetter Arbeitsplatz, oink-oink, bleib stehen, ich will dich haben! Ich bin flexibel, belastbar, innovativ, kreativ, teamfähig, begeisterungsfähig und kreativ!« Der Arbeitsplatz antwortete: »Ich bin drei mittelständischen Unternehmen entlaufen und dem Lohnarbeiter Leguan, und ich soll vor dir selbstständigem Schwein nicht weglaufen?« Und er lief kanntapper, kanntapper aus dem Speckgürtel hinaus.

In der nächsten Stadt begegnete ihm ein Affe, der war Akademiker und rief: »Dicker, fetter Arbeitsplatz, uh-uh-ah-ah, bleib stehen, ich will dich haben! Ich habe zwanzig Semester Slawistik studiert und mit magna cum laude über die Geschlechterrollen bei Dostojewski promoviert!« Da lachte der Arbeitsplatz nur und lief kanntapper, kanntapper aus der Region hinaus.

Schließlich kam der Arbeitsplatz an einen Fluss. Nirgends gab es einen Übergang. Wie sollte er da hinübergelangen? Da kam ein Schwarm Heuschrecken geflogen und stürzte sich in den Fluss. »Was macht ihr denn?«, rief der dicke, fette Arbeitsplatz. Da antwortete ihm eine der Heuschrecken: »Das ist kein normaler Fluss. Das ist ein Kapitalabfluss. Er fließt dahin, wo die Profitrate am höchsten ist!« Da sprang der Arbeitsplatz in den Fluss und schwamm schlupperdieblubber, so schnell er konnte aus dem Land hinaus und ließ sich von niemandem fangen.

Tage später, in einem Land ohne Mindestlohn und Lohnnebenkosten, kamen drei Kinder zum Fluss, die hatten keinen Vater und keine Mutter mehr und sprachen: »Lieber Arbeitsplatz, halte an! Wir haben den ganzen Tag noch nichts gegessen!« Da hüpfte der dicke, fette Arbeitsplatz aus dem Fluss, blieb bei den Kindern und ließ sie arbeiten, sechzehn Stunden jeden Tag. Und wenn sie nicht gestorben sind, so arbeiten sie noch heute.

TOURTAGEBUCH
Freitag

Bonjour Journal,

Stell Dir vor, mein Sonnenbrand ist fast weg. Wie Du Dir denken kannst, bin ich immer noch auf Tour. Heute Morgen haben wir alle zusammen im Hotel gefrühstückt. Sogar Lars, obwohl er gar nicht im Hotel geschlafen hat, sondern auf einer Luftmatratze im Wäscheraum einer Jugendherberge.

„Orr, Scheisse, mei Rüggen!", sagte er, „heude is aber echt alles besser mit Houdel."

Lars ist Sachse, so wie ich, er kann es aber viel schlechter verstecken.

Marc-Uwe las uns seinen neuen Bestseller vor, den er am Morgen fertig geschrieben hatte. Also Lars und mir. Und Sebastian. Maik kam zu spät. Als es nur noch Tomate Mozzarella gab. Er hasst Tomaten. Er hasst Tomaten so sehr, dass sogar jemand mal einen Text darüber geschrieben hat. Also Maik.

Dann war Sebastian weg. Einfach so. Zuerst ist er noch da gewesen, und dann nicht mehr. Das macht er manchmal. So wie Erdmännchen. Es hat den Anschein, als fehle ihm sein Rudel. Keiner weiß, was er in diesen Stunden macht, vielleicht reitet er in der Kanalisation auf Mäusen und bekämpft den fiesen Rattenkönig Ralf, oder er springt auf den Rücken einer Kohlmeise und erkundet die Stadt von oben. Dazu hat er ja sonst selten genug Gelegenheit.

In diesen Stunden spürt er eine gewisse Freiheit, vermute ich mal. Dann ist er ein Phantom. Das ist so seine Welt. Ich nerve dafür alle mit meinem ständigen Diät-Gejammer. Basenfasten, Protein-Diät, Kohl-Brot-trunk-Entschlackung. Und nichts hilft. Mittlerweile wurde das Phänomen der starken Gewichtszu- und -abnahme nach mir benannt – der JuJu-Effekt. Das ist so meine Welt. Maik nervt dafür alle, weil er seinen eigenen Tee mit auf Tour genommen hat und ständig Übungen macht – Kung-Fu, Yoga, Beckenboden. Ich meine, irgendwann muss man doch auch mal fertig sein mit Üben. Und wenn er seinen Tee vergessen hat oder der hoteleigene Wasser-Samowar am Frühstücksbuffet auch nur ein Grad zu heiß ist, reißt er diversen Menschen den Kopf ab. Obwohl er Veganer ist. Das ist so seine Welt. Marc-Uwe nervt hingegen alle damit, dass er so berühmt ist. Überall kommen Blumenkinder angerannt und wollen irgendwas. Berühmte haben dafür meistens keine Zeit und geben das an ihre Kollegen ab, die dann den Frust der Blumenkinder abkriegen, dass die Berühmten keine Zeit für sie haben – ein Circle of Hate.

Wir trafen Sebastian am Bahnhof wieder. Er sah ein wenig zerzaust aus, und hinter seinem Ohr klemmte eine kleine blaue Feder.

Im Zug haben wir wieder gepokert. Außer Sebastian. Der war zu müde. Sebastian ist oft so müde, dass sogar mal jemand darüber einen Text geschrieben hat. Also Sebastian.

Das Hotel, da hatte Lars nicht zu viel versprochen, war exklusiv. Das konnte man an vielen Dingen erkennen, zum Beispiel wurde ich am Empfang angeschaut, als hätte ich Kot im Bart.

„Hallo, mein Name ist Julius Fischer, ich bin da wegen der Lesung!", sagte ich.

„Die is nicht hier!", sagte die Rezeptionistin.

„Aber womöglich ist ein Zimmer auf meinen Namen reserviert."

„Julius Fleischer, ham wir nicht!", sagte die Rezeptionistin.

„Ich heiße ja auch Fischer."

„Aha. Na gut, dann wollen wir mal schauen."

Neben mir hatte Maik ein ähnliches Gespräch.

„Maik mit A-I. Und Martschinkowsky, nicht Matullewski."

„Klingt aber ähnlich!", redete sich sein Rezeptionist raus.

„Wie war noch mal der Name? Julius Ficker? Haben wir leider keine Reservier..."

„Fischer! Da! Ich kann das von hier aus in Ihrem Karteikasten lesen."

Nach zwanzig Minuten waren die Mitarbeiter des Hotels schließlich überzeugt. Zerknirscht händigten sie uns die Zimmerschlüssel aus Gold aus.

Dann war Sebastian dran.

Er ging an den Tresen, zog sich an diesem hoch und fragte nach seinem Zimmerschlüssel. Die Rezeptionistin lachte kurz und sagte: „Na, Großer, hast wohl zu viel Emil und die Detektive gelesen, was? Komm wieder, wenn du volljährig bist."

Neben ihm bekam Marc-Uwe seinen Schlüssel ausgehändigt, ohne ein Wort gesprochen zu haben. Die Rezeptionistin schleimte: „Oh, Herr Kling, entschuldigen Sie die lange Wartezeit, vor Ihnen waren ein paar schwierige Gäste. Das Zimmer geht selbstverständlich aufs Haus."

Sebastian rutschte vom Tresen und legte sich traurig in meinen Koffer. Er wird heute bei mir schlafen. Vielleicht erzählen wir uns Gruselstorys.

Tschüssi, bis später,

Dein BFF

Maik Martschinkowsky

ZERBERUS-WELPEN

Es ist Freitagmorgen, und ausnahmsweise arbeite ich allein in dem Gruselkabinett, bei dem ich seit einiger Zeit als Monster angestellt bin. Allein, wenn man von der alten Chefin absieht, die sich unten an der Kasse herumtreibt, aber die ist eigentlich selbst ein Gruselkabinett.

Zum Glück haben sich für heute nur zwei Schulklassen angemeldet. Die meisten der Kiddies erschrecken sich auch recht artig und rennen davon, statt zu versuchen, mich anzugreifen oder zu verarschen. Ich lehne ein wenig gelangweilt im Schatten einer Wand vorm Ausgang und warte auf das letzte Grüppchen. Ängstlich aneinandergeklammert biegen sie um die Ecke.

»Sind wir hier richtig?«, fragt ein Junge wimmernd. »Ich will hier raus.«

»Ich glaub schon«, sagt eines der Mädchen, »schau mal, da vorne steht Ausgang.«

»Hoffentlich kommt dieser Typ nicht noch m…«

»WOAHHH!«

Kreischend rennen die drei hinaus. So, Pause, denke ich, nehme die Maske ab, strecke mich ein bisschen und schlendere herum. Auch wenn ich jetzt schon eine ganze Weile hier arbeite, ist es immer noch etwas unbehaglich, allein im Kabinett zu sein. Man fühlt sich irgendwie ständig beobachtet. Vielleicht ist das eine Art Berufskrankheit, die entsteht, wenn man selbst die ganze Zeit heimlich Leute beobachtet.

Als ich an der Friedhofsszene vorbeikomme, fällt mir auf, dass einem unserer Zombies offenbar der Arm klemmt, mit dem er sich die Gedärme aus dem Bauch zieht und wieder hineinstopft. Er stopft sie nur noch hinein. Das finde ich zwar durchaus nachvollziehbar, ist aber nicht seine Aufgabe. Also mache ich mich auf den Weg, ein bisschen Öl zu …

»Whoaaa!« Eine fiese Monstermaske taucht vor mir auf und faucht mich an. Vor Schreck kreische ich wie am Spieß, springe einen Schritt zurück, ziehe meinen Schuh aus und werfe damit nach dem Biest. Diese Reaktion hatte ich selbst so häufig gesehen, dass es die erste ist, die mir in den Sinn kommt. Das Monster kriegt den Schuh voll an den Kopf, stöhnt überrascht und setzt sich auf den Hosenboden. Verdutzt starren wir uns an. Vor mir sitzt eine kleine, leicht pummelige Gestalt in dunkler Kleidung. Sie trägt eine mir unbekannte Maske und einen ähnlichen schwarzen Umhang wie ich.

»Alter!«, rufe ich nach Atem ringend. »Du kannst hier doch nicht einfach rumlaufen und Leute erschrecken!«

»Tschuldigung«, nuschelt das Monster beziehungsweise Monsterchen vor mir auf dem Boden und nimmt seine Maske ab. Darunter kommt ein schätzungsweise dreizehn- oder vierzehnjähriger pausbäckiger Junge zum Vorschein. »Ich dachte, so bewerbe ich mich am besten.«

»Bewerben?«, frage ich irritiert. »Für was?«

»Na als Monster – ich muss ein Praktikum für die Schule machen.«

»Ein … Praktikum? Als Monster?«

Der Junge zuckt mit den Schultern. »Ich wollte was Cooles machen.«

»Du hast ja grade gesehen, wie cool das ist – die Leute rasten total aus und bewerfen einen mit Gegenständen.«

»Ist das immer so?«, fragt der Junge.

»Meistens, ja.«

»Die werfen immer mit Schuhen nach einem?«

»Nein, nicht nur Schuhe. Auch Jacken, Bücher, Handys, Lippenstifte, Zigarettenschachteln, Tampons oder gleich eine ganze Handtasche. Aber Schuhe stehen hoch im Kurs.«

»Cool«, sagt der Junge.

»Nein, nicht cool«, sage ich. »Ehrlich – hier im Gruselkabinett landet man nur, wenn man sonst nichts auf die …« Ich breche ab, bevor ich anfange, mir Gedanken über meine aktuelle Lebenssituation zu machen. »Schau mal«, setze ich in pädagogischem Tonfall wieder an, »was du hier lernen kannst, hast du innerhalb von drei Tagen gelernt. Die erste Erfahrung hast du grade schon gemacht.

Dann kannst du noch lernen, wie man den Gegenständen ausweicht, die nach einem geworfen werden, an welchen immer gleichen Stellen man sich am besten versteckt und gegen welche Wände man läuft, wenn man im Stress ist und nicht aufpasst. Das war's aber auch schon.«

Der Junge strahlt. »Das ist aber ja viel mehr als bei anderen Praktikums!«

»Praktika.«

»Was?«

»Es heißt Praktika – egal. Weißt du, es tut mir echt leid, aber wir können wirklich keinen Praktikanten …«

»*Was ist denn hier los?*«, fragt die Chefin, die plötzlich neben uns aufgetaucht ist. Der Junge und ich geben ein kurzes Quietschen von uns.

»Äh …«, sage ich wie immer als Erstes, wenn ich mit der Chefin spreche, »der … äh … dicke Junge wollte grade gehen.«

»*So? Erschrecken Sie die Leute eigentlich immer, indem Sie mit ihnen diskutieren?*«, fragt die Alte.

»Äh … nein, nur …«

»Ich will ein Praktikum machen!«, ruft der Junge. Die Alte mustert ihn von oben bis unten, was so aussieht, als würde sie abschätzen, wie lange er im Ofen bräuchte, um gar zu werden. »*Ich mag keine Kinder*«, sagt sie. Da hat er noch mal Glück gehabt, denke ich. »*Aber vielleicht kann ich mal eine Ausnahme machen. – Verschaffen Sie dem Jungen eine anständige Maske und zeigen Sie ihm, wie man die Leute richtig erschreckt. Nach der Mittagspause schicken Sie ihn zu mir an die Kasse.*«

Verwirrt plinkere ich mit den Augenlidern. »Aber … aber das geht doch … also … seit wann nehmen wir Prakti… schauen Sie sich den Jungen doch mal an! Wie soll der denn jemanden erschrecken?«

»Ich hab dich doch erschreckt!«, protestiert der Junge.

»Das ist was anderes«, belehre ich ihn und wende mich wieder an die Chefin. »Ich mein, wenn der neben mir steht, das ist ja wie, wie … wenn neben dem finsteren Minotaurus ein Wesen halb Kalb, halb Kind steht, oder neben einem Zentauren ein Pony-Teenie oder – oh mein Gott – ein Zerberus, der kleine, süße, tapsige, dreiköpfige Welpen dabeihat, mit so großen Schlappohren!« Ich muss mich kurz an der Wand abstützen, so niedlich finde ich die Vorstellung. Meine Güte. Zerberus-Welpen.

»*Sie fangen schon wieder an zu denken, Herr Makowsky. Das steht Ihnen nicht. Es ist für alle Beteiligten besser, wenn Sie tun, was ich gesagt habe*«, befiehlt die Chefin, macht kehrt und schlurft in die Schatten.

»Na danke!«, sage ich zu dem Jungen, der mich anstrahlt wie ein Kerzenengel. »Als ob ich hier oben nicht schon genug Probleme hätte. Jetzt auch noch einen Praktikanten. Und ich trinke nicht mal Kaffee.«

Einige Zeit später stehe ich mit meinem neuen Praktikanten, ich nenne ihn Krabat, an der ersten Erschreckecke. Diese befindet sich gegenüber eines Skeletts, welches beim Eintreten der Leute unter hydraulischem Zischen aus dem Boden fährt.

»Also«, sage ich, »wenn das Skelett wieder im Boden verschwindet, schleichst du dich an, wartest, bis die Leute sich umdrehen, weil sie merken, dass irgendetwas hinter ihnen ist, und dann fauchst du sie fies an, so wie du das vorhin bei mir gemacht hast. Verstanden?«

Der Junge nickt.

»Weißt du, es ist sehr, sehr wichtig, dass sich die Leute ordentlich erschrecken und panisch durch die Gänge laufen – sonst merken sie nämlich, was für ein billiger Scheiß hier eigentlich überall rumsteht«, erkläre ich. Vielleicht kann der Junge bei uns doch noch was lernen. Über Innenpolitik oder so. »Also, gleich müssten wieder welche kommen. Die machst du. Ich schau mir das mal an.«

Einige Minuten warten wir, in denen Krabat fieberhaft auf die Tür starrt. Als diese sich endlich öffnet, springt er sofort aus dem Versteck, merkt dann, dass er zu früh ist, und springt wieder zurück. Ich schlage mir mit der flachen Hand gegen die Stirn. Das Touripärchen, das durch die Tür geschlendert kommt, schaut irritiert zu der Ecke, hinter der wir stehen.

Krabat sieht mich schuldbewusst und hilfesuchend an. Ich schiebe ihn zur Seite.

Das Skelett fährt aus dem Boden und die beiden Kunden lachen ein wenig. Ich lache mit. Die Gäste werfen sich einen irritierten Blick zu, gehen dann aber langsam weiter.

Ich gebe Krabat ein Zeichen, dass er einmal außen rumlaufen soll, um an der nächsten Ecke auf das Pärchen zu warten. Krabat zuckt mit den Schultern und formt ein stummes »Was?«. Ich rolle mit den Augen. Dann kneife ich ihm in die Brustwarze und drehe sie einmal herum. Krabat gibt ein lautes, erschrockenes Schreien von sich, woraufhin das Pärchen stehen bleibt und wieder verwundert in unsere Richtung schaut. Schnell ziehe ich Krabat die Maske ab und schiebe ihn auf den Gang, wo er, sich unsicher umblickend, stehen bleibt. Das Pärchen stutzt.

»Äh … are you alright, little boy?«, fragt der Mann, während die beiden auf ihn zugehen. Kurz bevor sie bei ihm angekommen sind, stürze ich mich mit einem fiesen Grunzen auf Krabat und reiße ihn zurück in den Schatten. Das tut seinen Dienst. – Das Pärchen läuft schreiend davon. Ich folge ihnen und jage sie nach Betriebsordnung durch die Gänge.

Als ich wieder zu Krabat zurückkomme, steht dieser bedröppelt an der Ecke und knetet beschämt seine Maske in den Händen.

»Schuldigung«, murmelt er leise.

»Schon gut«, sage ich. »Tut mir leid wegen des Nippeldrehers. Ich weiß, das macht man eigentlich nur unter Freunden.«

»Ach«, sagt Krabat, »in der Schule machen das auch immer alle.«

»Oh.« Ich bekomme ein schlechtes Gewissen.

»Ich hoffe, ich werde jetzt nicht verbrannt«, sagt Krabat zu Boden blickend.

»Keine Angst«, sage ich, »die Chefin hat ja nichts mitbekommen. – Aber du meintest wahrscheinlich: gefeuert.«

»Ja.«

»Nein, nein«, sage ich noch mal beruhigend und merke, dass eine Art Schutzinstinkt in mir aufkeimt. Es ist immer dasselbe – Küken, Katzenbabys, trottelige Praktikanten und … – mein Gott, Zerberus-Welpen, wie niedlich! Ich muss mich kurz an der Wand abstützen.

Dann wende ich mich wieder Krabat zu. »Pass auf … du träumst doch bestimmt oft schlecht.«

»Eigentlich nicht«, sagt Krabat. »Meistens träume ich davon, dass alle Angst vor mir haben. Oder vom Fliegen.«

»Kann man mit arbeiten«, sage ich. »Also, wenn das nächste Mal welche kommen, stell dir einfach vor, du wärst in einem deiner Träume. Aber!« Ich hebe bedeutungsschwanger den Zeigefinger. »Beim Erschrecken geht es in erster Linie um Timing, weißt du. Wenn die Leute dich sehen, ohne sich zu erschrecken, werden sie über dich lachen. Aber das werden sie nicht, wenn du das nicht willst! Denn du bist derjenige, der ihnen in der Dunkelheit auflauert, und du wirst ihnen klarmachen, dass du es bist, vor dem sie sich schon immer in der Nacht gefürchtet haben! Und ich weiß, du kannst das! Und jetzt gehst du da raus und zeigst es ihnen, verdammt noch mal!«

Wir schauen zur Tür. Nichts passiert.

»Na ja, also … wenn das nächste Mal jemand kommt«, füge ich hinzu. Einige Minuten starren wir erst gebannt, dann zunehmend gelangweilt auf die Tür. Plötzlich bewegt sich die Klinke, und ich klopfe Krabat aufmunternd auf die Schulter. Er bringt sich in Stellung, setzt die Maske auf, die Tür öffnet sich und … die Chefin tritt hindurch. Krabats Maske dreht sich fragend zu mir. Ich schüttle energisch den Kopf. »Auf gar keinen Fall!«, wispere ich. »Niemand hat es jemals geschafft, die Alte zu erschrecken, und wer es versucht hat – na ja …« Ich wiege den Kopf hin und her.

»Gefeuert?«, fragt Krabat.

»Verbrannt«, wispere ich.

Die Chefin bleibt vor uns stehen und schweigt einige Sekunden. Dann sagt sie: »*Da kommt jetzt ein Kegelausflug. Ich mag keine Kegelausflüge. Sehen Sie zu, dass die nie wiederkommen.*«

Ich nicke.

Sie deutet auf Krabat. »*Und, ist der brauchbar?*«

Ich blicke zu dem Jungen. Er hat die Maske abgenommen und schaut mich mit großen Kulleraugen an. Ich seufze. Und nicke.

»*Gut, dann können Sie ja nach Hause gehen.*«

Ich klappe den Mund auf.

»*Kleiner Scherz*«, sagt die Alte, ohne eine Miene zu verziehen, dreht sich um und hinkt davon.

»Mann, die ist heute ja richtig ausgelassen«, murmle ich und schaue Krabat an.

»Pass auf«, sage ich, »das wird jetzt ein bisschen anstrengend. Am besten guckst du nur zu und machst erst etwas, wenn ich es dir sage, okay?«

Krabat nickt artig, und ich beginne mit den Vorbereitungen.

Die Anweisung »*nie wiederkommen*« beinhaltet, die fiesesten Tricks anzuwenden, auch solche, bei denen eine gewisse Gefahr besteht, dass jemand einen Herzinfarkt bekommt. Ich mache das nicht gern. Es fühlt sich an, als wäre man ein Schlachter, der eine ahnungslose Herde Seelen zusammentreibt, um sie halbherzig zu betäuben, ihnen die Kehle aufzustechen und ihnen, während sie zuckend ausbluten, die Haut abzuziehen und die Innereien zu entreißen. Aber gut, was soll ich machen, ist halt mein Job.

Als der Kegelclub den Raum betritt, ziehe ich zunächst das Standardprogramm durch. Mit dem kleinen Unterschied, dass ich vorher die Ausgangstür verschlossen habe, sodass das Grüppchen immer wieder im Kreis laufen muss – und dadurch allmählich die Orientierung verliert. Das dauert eine Weile, aber nach und nach verwandelt sich das anfänglich vergnügte Kreischen und Flüstern in echte Verunsicherung. Normalerweise ist das spätestens der Punkt, an dem man die Kunden in Richtung Ausgang treibt und sie in die Freiheit entlässt. Normalerweise. Wenn man will, dass sie wiederkommen. Stattdessen lege ich einen Schalter um, der dafür sorgt, dass alle Lichter, Effekte und Geräusche schlagartig ausgehen, bis auf einen extrem starken Lichtkegel auf dem Weg zur Ausgangstür. Erschrocken schreit das Grüppchen auf, dann ist es zunächst totenstill. Und natürlich: Leise flüsternd folgen sie dem letzten Licht … die Narren. Schließlich bleiben sie genau im Schein der Lampe stehen. Von dort aus sind die Schatten rundherum so tief, dass man gar nichts mehr sieht.

»Vielleicht geht es hier weiter«, stottert eine Frau, die offenbar die Führung übernommen hat, und tut dann genau das, was sie soll: Sie versucht etwas in der Dunkelheit vor sich zu erkennen. Ihr Gesicht ist jetzt etwa dreißig Zentimeter von meinem entfernt, aber aufgrund des Lichtscheins, in dem sie steht, sieht sie mich nicht. Auch die anderen blicken jetzt in meine Richtung. In dem Moment rucke ich mit der Maske nach vorne und fauche. Die Meute gibt einen

Todesschrei von sich, und alle beginnen in einem Bereich von etwa einem Quadratmeter panisch umherzurennen.

Neben mir klatscht Krabat vergnügt in die Hände. Ich gebe ihm einen Klaps auf den Rücken und rufe: »Jetzt, Krabat, jetzt! Denk an deine Träume!«

Krabat breitet die Arme samt Umhang aus, holt tief Luft, läuft auf die Gruppe zu und ruft: »Ich bin ein Monster! Ich kann fliegen!« Ohne Maske. Ich klatsche mir mit der offenen Hand gegen die Stirn. Die Leute bleiben irritiert stehen. Krabat ebenso.

»Och mein Gott, der ist aber niedlich!«, ruft die Anführerfrau und wuschelt Krabat in den Haaren. Ich schüttle resigniert den Kopf.

Krabat strahlt die Frau an und sagt: »Ich hatte schon so einen Hunger!«

»Bekommst du denn hier oben nichts zu essen?«, fragt sie und lacht ein wenig.

»Doch«, sagt Krabat – und beißt ihr in die Hand. Das Grüppchen beginnt wieder zu schreien, und die Leute springen panisch durch die Ausgangstür, als ich diese öffne.

Ich nicke anerkennend, während Krabat sich ein bisschen Blut von den Lippen wischt. »Ich denke … du passt doch ganz gut hierher.«

Sebastian Lehmann

ICH WAR NICHT DABEI
Zum Geburtstag des SO36

Ich komme am Görlitzer Park an und die Sonne steht tief über den Dächern Kreuzbergs. Aus einem geöffneten Fenster dröhnt laute Elektromusik. Die Grasverkäufer auf der Skalitzer verkaufen jetzt auch Stoffbeutel und vegetarisches Sushi. Ein Junggesellenabschied wird zu Recht von einem Straßenzeitungsverkäufer beleidigt. Sein hässlicher Hund mit den zu kurzen Beinen kläfft zu Recht einen Immobilienmakler im Anzug an. Ein Touristenpärchen fotografiert sich vor einem »Berlin Hates You«-Graffiti.

Ich bin zu spät. Kreuzberg war in den 80er-Jahren cool, Berlin in den 90ern. Für das Jahrzehnt jetzt gibt es nicht mal eine richtige Bezeichnung: die 10er-Jahre – das klingt ja schon langweilig. Ich bin zu spät. Das SO36 ist vier Jahre älter als ich. Westbam könnte mein Vater sein. Blixa Bargeld mein Großvater, er sieht wenigstens so aus. In der Süddeutschen Zeitung steht, dass Berlin nicht mehr hip ist. Aber was wissen die Bayern schon, München war nie hip. Wenn München ein Berliner Stadtteil wäre, dann wäre es Spandau.

Ich schlendere weiter zur Eisenbahnstraße und betrete meinen Lieblingsspätkauf. Dicke Rauchschwaden wabern durch den kleinen Laden. Ein älterer Herr steht an der Theke und zeigt auf die Zigaretten im Regal.

»Einmal von den Gesunden«, sagt er.

Der Späti-Verkäufer reicht dem Mann eine Packung Marlboro Lights. Die beiden schauen sich tief in die Augen und lachen dann hustend. Oder husten lachend.

Der Verkäufer hat selbst eine nicht ganz so gesunde Kippe ohne Filter zwischen den Lippen hängen. Sein gelber Schnurrbart schimmert ungesund wie die asbestverseuchte Dämmung des Forum Kreuzberg an der Adalbertstraße. Die orangenen Finger der beiden Raucher leuchten bestimmt auch nachts.

Ich stelle eine Fritz-Kola ohne Zucker auf die Theke und lege noch einen Müsliriegel und das Greenpeace Magazin dazu.

»Darf's vielleicht noch eine vegane Reiswaffel sein?«, fragt mich der Verkäufer freundlich.

»Oh ja, sehr gern!«, sage ich.

Die beiden bekommen einen langen, sehr lauten Lach-Hust-Anfall und ich verlasse schnell den Späti.

Auf dem Gehweg der Eisenbahnstraße hat jemand kleine Fähnchen mit dem Berlin-Wappen in Hundehaufen gesteckt.

»Oh, nice! Kreuzberg street art«, ruft eine Gruppe schwedischer Touristen im Chor. Sie machen mit ihren iPhones Fotos davon.

Plötzlich steht der Marlboro-Lights-Mann aus dem Späti neben mir.

»Auch Tourist?«, fragt er mich.

»Nee, ick wohn hier, wa«, sage ich.

»Das war eher brandenburgerisch«, sagt der Mann.

»Entschuldigung«, sage ich.

»Zigarette?«, fragt der Mann und hält mir die Packung Gesunde hin.

»Nee, ick rooche nich«, sage ich. »Äh, rauche nicht«, verbessere ich mich.

»Lieber eine E-Zigarette?« Er holt ein seltsames Gerät hervor, das aussieht wie ein Kinderfüller von Lamy.

Ich schüttle den Kopf.

»Vielleicht eine Schokoladenzigarette?«

»Gerne, das erinnert mich an meine Kindheit«, sage ich, klemme mir die Schokoladenzigarette hinters Ohr und schlendere weiter Richtung Oranienstraße.

Ich setze mich in ein Café, das aussieht wie eins in München-Spandau, und bestelle einen Ingwer-Minz-Aloe-Vera-Tee. Dann stecke ich die Schokoladenzigarette in den Mund.

»Entschuldigung, Rauchen ist hier verboten«, schreit die Bedienung sofort. Ich esse die Zigarette einfach auf. Sie schaut mich entgeistert an und ich verlasse schnell das Café.

Vor dem »Franken« stolpere ich über ein paar Besoffene, die friedlich auf der Straße schlafen. Ein junges Mädchen fragt mich: »Where can we find a party?«

Ich mache eine Geste, die ganz Kreuzberg einschließt, und rufe: »Hier jibtet überall lustje Feten.«

Sie lacht höflich, wendet sich ab und raunt ihrer Freundin zu: »Again a crazy guy who can't speak German.«

Ich bin zu spät dran. Kreuzberg ist nicht mehr das, was es mal war. Glaube ich zumindest, ich war ja nicht dabei früher. Ich war nicht da, als das hier noch wirklich Kreuzberg 36 war, ich war nicht dabei, als Martin Kippenberger Geschäftsführer des SO36 war, ich habe die Einstürzenden Neubauten nicht live auf Mülltonnen trommeln hören, ich war nicht mit Sven Regener Schweinebraten in der Markthalle essen, ich habe keine Steine am 1. Mai geworfen, ich war nicht dabei, als alles noch kaputt und spannend und neu war.

Ich mag es trotzdem hier.

Ein Junggesellenabschied radelt auf einem Bierbike an mir vorbei. Im richtigen Moment werfe ich einen Stock in die Speichen. Die Junggesellen fallen samt Bike um und das Bier ergießt sich über sie. Die Besoffenen vor dem »Franken« wachen auf und applaudieren.

Man kann auch in den 10er-Jahren noch Spaß in Kreuzberg haben.

Marc-Uwe Kling

HERRN KEUNERS MATRATZE

WARNHINWEIS
Die folgende Geschichte ist für Hypochonder
ungeeignet

Ich stolpere mit einem großen Stapel neuer, vakuumverpackter Kissen zur Tür herein und stoße mir mal wieder den Kopf an der viel zu tief hängenden Wohnzimmerlampe.

»Verdammt«, fluche ich.

»Was wird denn das hier?«, fragt das Känguru und deutet auf meine Einkäufe. »Kissenschlacht?«

»Ich habe gestern in einem Buch gelesen«, sage ich, »dass bei einem sechs Jahre alten Kissen im Schnitt zehn Prozent des Gewichts aus Haaren, Schuppen, Milben, toten Milben und Milbenexkrementen bestehen.«

»Und?«, fragt das Känguru.

»Meine Kissen sind mindestens zehn Jahre alt«, sage ich. »Ich konnte die ganze Nacht nicht schlafen.«

»Solche Panik?«

»Aufrecht sitzend kann ich einfach nicht einfschlafen.«

Ich gehe in mein Zimmer, nehme angewidert mein altes Schlafkissen zwischen Daumen und Zeigefingerspitze, gehe zurück ins Wohnzimmer und reiche es dem Känguru. »Hier. Bitte entsorgen.«

Das Känguru nimmt das Kissen und wirft es in seine Hängematte. Ich setze mich auf die Couch.

»Ich finde das unverantwortlich«, sage ich. »Man kann doch so eine Information nicht einfach so in ein Buch schreiben! Das ist doch total rücksichtslos! Ich finde, da könnte man wenigstens einen Warnhinweis vorschalten: ›*Achtung! Das folgende Kapitel ist für Hypochonder ungeeignet.*‹«

»Ja, ja. Es mangelt wirklich an Warnhinweisen«, sagt das Känguru. »Gerade hier in Deutschland. Zum Beispiel brauchen wir noch viel mehr von diesen hervorragenden Schildern mit der Aufschrift ›Gehwegschäden‹. Das würde Tausende von Leben retten.«

»Da können wir noch viel von den USA lernen«, sage ich. »Ich war dort mal im Urlaub und habe für meinen kleinen Neffen als Mitbringsel ein Superman-Kostüm gekauft. Und im Umhang war ein Etikett eingenäht, da stand drauf: ›This cape does not enable the user to fly.‹«

Ich stehe auf und stoße mir schon wieder den Kopf an der Deckenlampe.

»Ts, ts, ts«, sagt das Känguru. »Die hängt da aber auch wirklich blöd.«

»Jeden Tag mindestens drei Mal…«, murre ich.

»Häng die Lampe doch höher.«

»Ach …«, sage ich. »Ich könnte auch einfach im Wohnzimmer immer eine dicke Bommelmütze tragen.«

»Ja, das klingt praktikabler«, sagt das Känguru.

Es blickt mich sinnend an. »Weißt du, es gibt da so eine Parabel von Brecht«, sagt es. »Herr Keuner hatte unter seiner Matratze einen Haufen spitzer Steine.«

»Wieso?«, frage ich.

»Was, wieso?«

»Warum hat er die Matratze nicht woanders hingelegt?«

»Was weiß ich. Vielleicht hatte er keinen Platz.«

»Wo?«

»Na in seiner Butze.«

»Wieso hatte er überhaupt spitze Steine in seiner Wohnung?«

»Darum geht's nicht!«

»Wer sich seiner Vergangenheit nicht erinnert, ist verurteilt, sie zu wiederholen.«

»Was soll das denn jetzt heißen?«

»Na ich meine nur«, sage ich. »Wenn du so vehement die Ursachenforschung unterbindest, musst du dich nicht wundern, dass sich das Problem nicht lösen lässt.«

»Gut«, sagt das Känguru. »Sagen wir, Herr Keuner hat die Wohnung so vermietet bekommen.«

»Mit der Matratze auf den spitzen Steinen.«

»Korrekt.«

»Würde ich die Miete mindern.«

»Halt die Klappe«, sagt das Känguru. »Jedenfalls wäre das Wegräumen der Steine mit großer Anstrengung verbunden. Deshalb beschließt er, dass es bequemer für ihn ist, die Steine unter seiner Matratze zu lassen. Das siehst du auch so, nicht wahr?«

»Du meinst, weil ich die Lampe nicht höher hänge?«

»Manchmal wird es Herrn Keuner aber doch zu unbequem, dann verlangt er von seinem Vermieter eine dickere Matratze, und ab und zu bekommt er die auch genehmigt. Und daraufhin ist es tatsächlich ein wenig besser, bequemer. Der Punkt ist aber der: Solange Herr Keuner nicht die Steine wegräumt, wird er dennoch jeden Morgen mit Rückenschmerzen aufwachen.«

»Und das hat Brecht geschrieben?«, frage ich.

»Nein«, sagt das Känguru. »Das habe ich mir gerade ausgedacht, aber wenn ich dir das gleich gesagt hätte, hättest du mir wieder nicht richtig zugehört.«

»Mit dem Haufen spitzer Steine meinst du den Kapitalismus, wa?«

»Nein! Mit dem Haufen spitzer Steine meine ich deine Oma, Alter!«

»Und die Matratze ist die sogenannte ›soziale‹ Marktwirtschaft? Richtig?«

»Warst du eigentlich schon als Kind hochbegabt?«

»Herr Keuner könnte es doch machen wie du«, sage ich. »Einfach ne Hängematte so hoch über die spitzen Steine hängen, dass man sie nicht berührt.«

»Ach … «, murmelt das Känguru, wirft mir einen geringschätzigen Blick zu und hüpft in Richtung Küche.

»Vorsicht!«, rufe ich.

»Was denn?«, fragt das Känguru und wendet gerade rechtzeitig seinen Blick wieder nach vorne, um selbst zu sehen, wie es mit seinem etwas zu nah an der Tür hängenden Boxsack kollidiert. Benommen sitzt es auf dem Boden.

»Ts, ts, ts«, sage ich. »Der hängt da aber auch wirklich blöd …«

»Sehr witzig.«

»Weißt du«, sage ich. »Ich an Herrn Keuners Stelle würde, glaube ich, die Matratze wegwerfen und lieber auf den Steinen schlafen. Steine haben keine Milben.«

Das Känguru rappelt sich auf.

»Ich mochte mein Kissen!«, sage ich und packe eines der neuen Kissen aus. »Ich mochte mein Kissen sehr! Es war wahrscheinlich der Gegenstand, zu dem ich die innigste Beziehung hatte ... Aber zehn Prozent ...«

»Welcher Prozentsatz an Haaren, Schuppen, Milben, toten Milben und Milbenexkrementen wäre denn für einen Hypochonder akzeptabel?«, fragt das Känguru.

»Hm«, sage ich. »Ich verstehe, worauf du hinauswillst.«

»Was also wirst du tun?«, fragt das Känguru.

»Nun ja«, sage ich. »Ich habe sieben Kissen gekauft. Und bis zum Ende der Woche ist mir hoffentlich was Besseres eingefallen.«

TOURTAGEBUCH
Freitag, später

Hey, liebes Tagebuch,

gerade ist was Krasses passiert. Auf dem Weg zum Auftrittsort, einem ehemaligen Erotikkino, wurden wir dreimal nicht verprügelt, dafür aber erkannt.

„Hey, seid ihr nicht Marc-Uwe Kling und drei andere?"

„Ja!", riefen wir drei anderen begeistert.

Jetzt sind wir im Kino. Lars ist auch schon da. Er hatte an der Rezeption des Hotels festgestellt, dass er wieder einmal vergessen hatte, sich ein Zimmer zu buchen, und war zu Freunden gefahren. Also „Freunden". Zu seiner Mutter.

Die Abläufe sind jetzt schon total eingespielt. Marc-Uwe schreibt seinen zweiten Bestseller, Maik macht eine Stunde lang Handstand auf dem Schmalzeimer, Sebastian hört traurige Musik, und ich esse die Körbchen mit den Snacks im Backstage leer, oder wie ich sage, im Snackstage.

Lars ist wieder mal weg, Wein besorgen. Oha, schon um acht. Wir müssen auf die Bühne ...

So, back again. Crazy Abend. Sebastian liegt zusammengerollt in seinem Koffer auf der Kofferablage und denkt, er sei ein Fötus. Aber der Reihe nach. Der Auftritt war schlechter als der Soundcheck, aber dafür länger.

Nachdem wir damit fertig waren, wollten wir diesmal aber wirklich in irgendeinen angesagten Club. Das macht man so als Star. Allerdings waren unsere Vorstellungen von einem Club sehr speziell. Es musste vegane, alkoholfreie White Russians geben. Außerdem durfte es nicht zu laut sein und nur für Nichtraucher. Wir hatten also die Wahl zwischen der Stadtbibliothek ... und der Stadtbibliothek.

Wir blieben dann im Backstage und hörten Sebastians Musik über seine Kopfhörer. Marc-Uwe arbeitete. Da braucht er Ruhe. Die Stimmung war dementsprechend angepasst ausgelassen.

Mit uns im Backstage waren heiße Girls. Also zwei Mitarbeiterinnen des Verlags, der Lars gehört. Und seine Mutter. Gut, das klingt jetzt erst mal langweilig. Ich formuliere es um.

Also zwei vollkommen nackte Mitarbeiterinnen des Weltraumflughafens, der Lars gehört. Und seine Mutter. Lars ist, so betont er immer wieder, auch international. Nach zwei Flaschen Weißwein bat er uns, ihn ab jetzt nur noch „Impresario" zu nennen.

Wir taten es und er rief: „Orrr, I like it, oh yes, I like it."

Er hatte dabei einen Akzent wie Tony Soprano. Also wenn der Sachse wäre. Lars sieht auch so aus wie Tony Soprano. Und wie Tony Soprano neigt auch Lars in gewissen Momenten der Muße zu einigen Albernheiten. In diesem Fall äußerte sich dieser juvenile Zug vor allem darin, dass er Sebastian immer wieder, wenn der nicht darauf achtete, auf den Oberschenkel schlug. Das sah sehr niedlich aus, als die beiden sich kabbelten. Lars ist sehr groß.

Außerdem hat Lars eine beinah ebenso große Affinität zum Verbrechen wie Tony Soprano. Also er hatte Gras besorgt. Gras-Lars. Nachdem seine Mutter und die beiden Mitarbeiterinnen weg waren, fing er an zu bauen.

Sebastian wurde ganz hibbelig und behauptete, er hätte als Teenie sehr viel gekifft.

Maik fragte: „Du bist kein Teenie mehr?"

Ich allerdings war skeptisch. Das letzte Mal Kiffen hatte bei mir damit geendet, dass ich eine halbe Stunde auf der Tanzfläche eines Zürcher Clubs gestanden und mich nicht zu bewegen getraut hatte, weil ich der felsenfesten Überzeugung gewesen war, dadurch den

Dritten Weltkrieg auszulösen. Außerdem hatte ich nun schon wieder Hunger.

Der Joint machte die Runde. Sogar Marc-Uwe machte mit. Lars wusste um meine Kiffer-Paranoia und zog mich auf.

Wie es sich für einen Impresario gehörte, sprach er nur noch Englisch: „Come on, Dschälljes, mmmh, take a little bit of se spliffy. It's good dope, I like it!"

Ich wollte aber nicht kiffen, ich wollte essen. Und dann kam mir eine Idee. Als ich gerade rauchte, zog ich an meiner Zigarette, nahm den mir angebotenen „Spliffy" und tat so, als würde ich ziehen. Danach stieß ich den Zigarettenrauch aus. Da alle sehr breit waren und kicherten, fiel das auch niemandem auf. Außerdem sprang Sebastian gerade auf, rief: „Ich bin ein Spatz!" und flog davon. Also eigentlich lief er ganz normal weg. Aber das musste er ja nicht wissen.

Nachdem er vom Klo wiedergekommen und der Spliffy verglüht war, kam meine große Stunde. Während Maik und Lars über die Vor- und Nachteile veganen Reitens, also „Fahrradfahren", diskutierten, Marc-Uwe wie wild Ideen aufschrieb und Sebastian fasziniert seine Finger betrachtete, dabei unablässig „Ich wachse!" murmelnd, fuhr ich mir mit den Händen über den Bauch und rief: „Ooooh, ich habe gerade nen übelsten Fressflash vom Kiffen, wollen wir Pizza bestellen?"

Die anderen fielen voll drauf rein. Und weil Sebastian noch vor der Lieferung eingeschlafen ist, habe ich seine Pizza auch noch abgestaubt. Einfach ein crazy Abend. Ich gucke jetzt noch ein bisschen Fernsehen, aber ganz leise, damit Sebastian nicht aufwacht.

Tschö mit ö,

Dein Julius

Sebastian Lehmann

HAMBURG

Ich mag Hamburg. Jeder Mensch mag Hamburg. Ich könnte auch sagen: Ich mag Schokolade. Auch jeder Mensch mag Schokolade. Obwohl, wer weiß, es gibt bestimmt auch seltsame Leute, die Schokolade voll eklig finden und lieber Selleriestangen und rohen Lauch essen, wenn sie sich mal was gönnen wollen. Das sind solche Menschen, die ihren Kindern auch ausschließlich kalten Tee zu trinken geben und das dann »das gesunde Spezi« nennen. Oder an Silvester schon um halb elf müde werden, aber ohnehin Feuerwerk doof finden wegen der Luftverschmutzung und im Supermarkt lieber Brot statt Böller kaufen und es dann nicht lustig finden, wenn besoffene Freunde das Brot um zwölf in die Luft werfen. Oder Knaller reinstecken, sodass das Vollkorn-Dinkel-Haselnuss-Ciabatta schön explodiert. Solche Menschen trinken auch Radler mit alkoholfreiem Bier. Oder hören Adele, weil die »so eine schöne Stimme« hat. Außerdem ist die ja »so authentisch«. Weil sie dicker ist als Lady Gaga, oder was? Ist dann Sigmar Gabriel auch authentisch? Oder Julius Fischer? Julius Fischer, Adele der Lesedüne. Sigmar Gabriel, Adele der deutschen Politik. Leute, die Adele gut finden, gucken bestimmt auch gern Filme mit Sandra Bullock. Mein Lieblingsfilm ist der, in dem Sandra Bullock eine Sozialarbeiterin spielt, die sich rührend um ein armes, dickes, schwarzes Mädchen kümmert, das von seinem Vater missbraucht wird, Aids hat und drogensüchtig ist. Da haben sich die Filmemacher mal gedacht: Schwarz, fett und arm ist ja schon scheiße, aber reicht das? Lieber noch Aids und Kindesmissbrauch dazu – und zur Sicherheit auch ein paar Drogen. Zum Glück gibt es Sandra Bullock. Die ist übrigens weiß, dünn und reich.

Leute, die solche Filme gut finden, hassen bestimmt auch Hamburg, um wieder zum Thema des Textes zurückzukehren.

Berliner sagen ja oft ungewöhnlich viele gute Dinge über Hamburg, zum Beispiel: »Ich könnte mir vorstellen, in Hamburg zu wohnen … wenn es Berlin nicht gäbe – und mich jemand unter Androhung von körperlicher Gewalt dazu zwingen würde.«

Ich muss mal wieder geschäftlich nach Hamburg, geschäftlich heißt in diesem Fall: Ich habe einen Auftritt bei einem Poetry Slam, wo ich mich umsonst betrinken kann. Ich nenne es Arbeit.

Als ich mit dem Zug in die Hansestadt einfahre, steht die Abendsonne tief und taucht die riesigen Kräne am Hafen, den Turm des Michels und die Villen an der Alster in lila Licht. Am Horizont schimmert die fast flughafengroße Ruine der Elbphilharmonie. Sofort fühle ich mich wie zu Hause. Auf dem Bahnhofsvorplatz wird aus Lautsprechern sogar klassische Musik eingespielt, damit man gleich die ganze Hochkultur spürt, die in dieser Stadt vor sich hin vibet. Außerdem kann man so die Obdachlosen und Trinker, die am Bahnhof rumlungern, auf angenehme Art und Weise vertreiben. Wobei die meisten ohnehin Touristen aus Berlin sind, die sich wegen der astronomischen Bierpreise in Hamburg keine Rückfahrkarte mehr leisten können.

Ich treffe meine Hamburger Bekannten Lasse und Ole auf der Schanze. Sie sind beide sehr groß und tragen wie alle Hamburger gelbe Regenmäntel und rote Seemannsmützen über ihren von Sonne und Meersalz mattblond gebleichten Haaren.

»Die Schanze ist das Kreuzberg von Hamburg«, sagen Lasse und Ole und wir machen einen kleinen Rundgang. Nach drei Minuten sind wir wieder an unserem Ausgangspunkt angekommen. Die Schanze ist etwa so groß wie die untere Hälfte der Oranienstraße.

Wir gehen in eine Bar und ich bestelle ein Spezi.

»Hier fühlst du dich bestimmt wohl«, sagt Lasse, »die Bar ist voll so wie in Berlin.«

»Hört mal auf, alles immer mit Berlin zu vergleichen«, sage ich. »Hamburg ist auch so gut, da braucht ihr es nicht die ganze Zeit mit einer besseren Stadt zu vergleichen.«

»Du hast recht«, ruft Ole. »In Hamburg gibt es auch tolle Sachen, die es in Berlin nicht gibt, zum Beispiel den Hafen.«

»Na ja«, sage ich. »In Berlin gibt es sogar zwei Häfen, den Westhafen und den Osthafen. Wahrscheinlich auch noch einen Nord- und einen Südhafen, aber da war ich noch nie.«

Lasse und Ole schauen mich traurig an. Mein Spezi kommt, aber es schmeckt nach kaltem Tee.

Später, nach dem Poetry Slam, bei dem ich schon in der Vorrunde gegen einen Plattdeutsch-Rapper ausgeschieden bin, der ein Gedicht über das Krabbenfischen und Waletöten vorgetragen hat, spaziere ich noch ein wenig an den Landungsbrücken herum und trinke ein Astra, das Sternburg des Nordens. Ich denke an das Lied *Landungsbrücken raus* der Hamburger Band Kettcar, das ich früher, als ich noch dumm war und keinen guten Musikgeschmack hatte, gern gehört habe.

Plötzlich stehe ich vor einigen Buden, die Fisch verkaufen. Dahinter steht ein großer Laster von Bofrost.

»Willst du ein frisches Matjesbrötchen, Jungchen?«, fragt mich ein dicker Mann, der eine Kapitänsmütze trägt und mir freundlich zuzwinkert.

»Ich bin leider kein Junge mehr«, sage ich, »ich bin schon dreiunddreißig.«

»Jungchen, ich habe die sieben Weltmeere bereist, vier Kinder in Schanghai gezeugt, eine Geliebte in Rio zurückgelassen und im Kampf gegen Piraten am berüchtigten Berliner Nordhafen mein linkes Auge verloren. Ich darf Jungchen nennen, wen ich will. Was darf ich dir nun anbieten?«

»Wenn das so ist, dann nehme ich einmal Matjes, dreimal Hering, siebenmal Lachs und zehnmal Thunfisch«, sage ich.

»Wir sind hier nicht in Berlin-Mitte und das ist kein Sushi«, sagt der Verkäufer, »ein Brötchen genügt für dich, mein Kleiner.«

Er reicht mir ein Matjesbrötchen und ich beiße rein. Es schmeckt tatsächlich vorzüglich. Ich trinke noch einen Schluck Astra, das plötzlich auch viel besser schmeckt, und schaue auf das dunkle Wasser des Hafens. Ein einsames Segelboot fährt langsam vorbei und eine Möwe zieht unablässig ihre Bahnen am Himmel, während am Horizont allmählich die Sonne aufgeht.

»Na, Jungchen«, sagt der Verkäufer. »So was gibt's in Berlin nicht, ne?«

Ich nicke und von irgendwoher höre ich jemanden singen: »An den Landungsbrücken raus, dieses Bild verdient Applaus.«

Ich klatsche. Ich mag Hamburg.

Dann sterbe ich qualvoll an einer Fischvergiftung.

Maik Martschinkowsky

TAG DER ARBEIT

Sigmund Freud hat mal gesagt, dass derjenige, der als Erstes statt eines Speeres ein Schimpfwort nach jemandem geschleudert hat, der Erfinder der Zivilisation sei. Folgerichtig stehe ich am 1. Mai vor einer Reihe gepanzerter Polizisten in Kreuzberg, stelle etwa einen Meter vor einem Beamten eine Flasche ab und sage freundlich: »Fühlen Sie sich beworfen.«

»Danke«, sagt der Polizist. »Fühlen Sie sich festgenommen, verprügelt und am Stadtrand wieder ausgesetzt.«

Ich nicke und wische mir eine Träne aus dem Gesicht. Ein harter Tag.

Marc-Uwe Kling

DER GROSSE LEBOWSKI-ABEND

Wir laufen vom Schlesischen Tor nach Hause.

»Was machen wir heute Abend?«, frage ich.

»Du baust ne Tüte, ich mixe White Russians, wir schauen *The Big Lebowski* und gehen danach bowlen«, sagt das Känguru. »Guter Plan, wa?«

»Das ist kein guter Plan«, sage ich. »Das ist ein großartiger Plan. Das ist ein bekackt genialer Plan, den solltest du einrahmen. Der ist so genial wie eine Schweizer Uhr.«

»Müssen wir nur noch kurz einkaufen gehen.«

Gleich nach Betreten der Brachfläche, die sich irreführenderweise Görlitzer »Park« nennt, nähert sich uns ein geschäftstüchtiger, junger Mann.

»Hey! Braucht ihr was?«, fragt er.

»Was bieten Sie denn feil?«, fragt das Känguru.

»Tupperware, Teflonpfannen, Stabmixer«, sagt der Mann. »Haushaltswaren aller Art.«

»Oh …«, sage ich überrascht. »… also … äh … ich überlege tatsächlich schon lange, ob ich nicht so einen Stabmixer …«

»Alter! War nur Quatsch!«, sagt der Mann. »Ich verkauf Drogen.«

»Ah. Ach so«, sage ich. »Auch nicht schlecht. Wir, äh, bräuchten was für einen Themenabend.«

»*Scarface*, *Trainspotting* oder *Fear and Loathing in Las Vegas*?«

»Ich dachte eher an *The Big Lebowski*«, sage ich.

»*Lebowski*, *Cheech & Chong*, *Easy Rider* … Kinderkram. Das macht alles der Kollege im Bademantel da drüben.«

»Der da?«, frage ich.

»Nee. Der macht *Requiem for a Dream*. Nicht verwechseln, die beiden. Böser Fehler. Ich könnte euch aber noch *Pulp Fiction* anbieten.«

Das Känguru blickt mich fragend an.

»Nee danke«, sage ich. »Ich hab keinen Bock, schon wieder tanzen zu gehen.«

Plötzlich dreht sich der Mann um und schlägt wild in die Luft.

»Diese verdammten Fledermäuse …«, flucht er.

»Der hat wohl Lektion Nummer zwei vergessen«, flüstert das Känguru und zieht mich weg. »Don't get high on your own supply.« Wir gehen auf den Kollegen im Bademantel zu.

»Lebwoski«, sage ich. »Themenabend.«

»Kein Problem, Dude«, sagt der Mann und öffnet seinen Bademantel. »Gras, Wodka, Kahlúa, Tetra Pak H-Milch. Hab ich alles da.«

»Kann ich mit Scheck bezahlen?«, frage ich.

»Klar. Scheck, Kreditkarte, PayPal. Geht alles. Ich schreib dir auch gerne Punkte gut auf deiner Payback-Karte. Ich hab sogar ein kleines Heft, da mach ich dir Stempel rein und der zehnte Einkauf ist umsonst!«

»Echt? Cool!«

»Alter! Du willst Drogen kaufen!«, sagt der Mann. »Du musst bar bezahlen!«

»Verstehe.«

»Wie viel brauchst du?«

»Na ja. Für mich und das Känguru hier«, sage ich.

»Alter, ist ja nicht mein Business, aber wenn du schon Kängurus siehst, solltest du vielleicht nicht noch mehr einwerfen.«

Ich blicke verwundert auf das Känguru.

»Sehen Sie das Känguru denn nicht?«, frage ich.

»Klar sehe ich das Känguru«, sagt der Mann. »Aber ich sehe allerhand abgefahrenen Scheiß, und die Erfahrung hat mich gelehrt, dass vieles davon nicht wirklich da ist. Gerade lese ich zum Beispiel ein Buch über einen Typen, der mit einem Känguru in einer WG wohnt, und jetzt sehe ich halt ein Känguru. Aber immer noch besser als letzte Woche. Da habe ich *Er ist wieder da* gelesen und überall Hitler gesehen.«

»Ich, ähm«, ich räuspere mich, »ich habe das Buch geschrieben.«

»Das mit Hitler?«

»Nein!«, sage ich. »Das mit dem Känguru.«

»Echt?«, fragt der Mann.

»Ja«, sage ich. »Ähm … und … also … darf ich fragen: Wie hat es Ihnen … nun … also … wie hat es Ihnen denn gefallen?«

»Viel Schönes dabei«, sagt der Mann. »Aber weißte, was ich gedacht habe? Ihr Künstler schafft nicht nur Unterhaltung. Ihr schafft auch *role models*, also Vorbilder. Ist dir das klar?«

Ich blicke nervös auf das Känguru, welches gerade einem auf einem Bierbike vorbeifahrenden Junggesellenabschied einen Stock in die Speichen wirft. Wahrscheinlich, weil es von dieser Art Intervention mal in einer Geschichte von Sebastian gehört hat.

»Nur so zum Beispiel«, fährt der Dealer fort. »Wenn du über Figuren schreibst, die es cool finden, Drogen zu nehmen, legst du damit auch deinen Lesern nahe, dass es cool ist, Drogen zu nehmen.«

»Ich muss zugeben, eine von Seiten eines Drogendealers unerwartete Kritik«, sage ich.

»Ich wäre doch niemals Dealer geworden, wenn ich damals als Teenager nicht David Bowie und Iggy Pop so cool gefunden hätte«, sagt der Mann.

»Also, Moment mal«, sage ich. »Ich glaube, Sie machen da die Kunst zum Sündenbock verfehlter … äh … privater und politischer Entscheidungen. Die Glorifizierung von Exzess und Gewalt in der Kunst ist nur ein Spiegel der Gesellschaft und hat keine nennenswerte Rückwirkung auf die reale Welt.«

»Ey, du bist derjenige, der bei mir für einen Themenabend einkauft«, sagt der Drogendealer. »Du musst es wissen.«

Julius Fischer

UND WAS MACHST DU SONST SO?

KINDERBUCHREIHE ZUM THEMA BERUFE

#12 Ich habe einen Freund,
der ist YouTube-Star

Er ist mein Nachbar. Neulich war ich krank. Und weil mir im Zimmer langweilig war, bin ich in den Hausflur gegangen. Dort habe ich Sascha2000 getroffen, obwohl Mittagessenszeit war und Erwachsene da arbeiten.

Ich sagte zu ihm: »Hallo, Sascha2000, was machst du eigentlich beruflich?«

»Hallo, Julius, das ist toll, dass du das fragst. Ich bin You-Tube-Star. Komm mal mit, ich zeige dir, was ich mache.«

Er steckte sein Handy auf eine lange Stange, nahm mich an die Hand und begann zu reden:

»Hey, hi und hallöchen, liebe Saschis. Ich bin hier in meinem Hausflur, das da ist der kleine Julius, und ich zeig ihm mal eben, was ich den ganzen Tag so mache.«

Saschas Wohnung sieht aus wie die Zimmer aus dem Buch mit den vier gelben Buchstaben drauf, das bei uns auf dem Klo liegt.

»Das hier«, sagt Sascha2000, »ist mein Laptop. Und das ist meine Webcam. Damit mache ich Videotutorials.«

»Was sind Tutowials?«, frage ich.

»Er weiß nicht, was Tutorials sind. Habt ihr das gehört, liebe Saschis?«

»Was sind Saschis?«, frage ich.

»Das sind meine Fans. Die habe ich nach mir benannt. Deine würden Julis heißen. Oder JuFis. Wegen Julius Fischer. Du bist so supersüß. Ich glaub, das Video kriegt mehr Klicks als die Katzenbabys von letzter Woche. Aber zu deiner Frage,

Julius, in a nutshell, Tutorials sind Anleitungen für Dinge des täglichen Lebens. Wie baue ich ein Regal zusammen? Wie schminke ich mich richtig? Was mache ich, wenn das Klopapier alle ist? Und die stell ich dann ins Netz.«

»Wie, das können die Leute nicht selber?«, will ich wissen.

»Na ja, schon! Aber mit mir isses viel witziger.«

»Und wie viel Geld verdient man damit?«

»Das kommt darauf an, wie viel Werbung man auf seiner Seite macht und wie viele Leute sich die Videos angucken. Ich schätze mal, so 25.000 Euro im Monat.«

»Cool, ich will auch YouTuber werden, wenn ich groß bin!«

»Julijulijuli, das ist pipieialeicht. Das kannst du auch jetzt schon machen. Hast du ein Handy?«

»Ich warte noch auf meine neue SIM-Karte.«

»Na dann richten wir dir erst mal einen eigenen Channel ein, und dann verlinke ich dich, und dann haste auch ein paar Fans, wenn du dein erstes Video aufnimmst.«

»Cool, danke, Sascha2000.«

»Tschüssi, Julius, und denk dran, abonnier meinen Channel. Hab dich lieb, Knutscha.«

#17 Ich habe einen Freund,
der ist eine Freundin

Eigentlich ist er gar nicht meine Freundin. Sondern eine Freundin von meiner Mutter. Manchmal kommt er vorbei. Beim letzten Mal hatte er lange Haare und keinen Bart mehr.

»Hallo, Thomas!«, habe ich gesagt.

»Ich heiße nicht mehr Thomas. Ich heiße jetzt Sarah«, hat er mit ganz tiefer Stimme gesagt.

»Echt? Das geht? Kann ich auch anders heißen? Ich will He-Man heißen.«

Er lachte. »Dann bin ich aber She-Man.«

Das habe ich nicht verstanden. Thomas ist trotzdem immer nett.

»Warum bist du jetzt eine Frau?«, habe ich ihn noch gefragt.
»Weil ich mich als Frau fühle. Da kann ich gar nichts gegen machen. Will ich auch nicht.«
»Ich fühle mich als Indianer.«
»Dann sei ein Indianer.«
»Mit langen Haaren? So wie du?«
»Klar.«
Dann haben wir Indianer gespielt. Ich fand das cool, ein Indianer zu sein, wenn man das gerne will. Ich finde es auch cool, eine Frau zu sein, wenn man das will.
Ob alle Frauen früher Männer waren?

#46 Ich habe einen Freund, der ist Startup-Unternehmer

Er wohnt bei uns im Erdgeschoss. Er heißt Rasmus. Heute gehe ich ihn besuchen. Für meinen Videoblog.
»Hallo, liebe JuFis! Das ist Rasmus. Rasmus, erzähle meinen Freunden doch mal, was du machst«, sage ich und zeige mit meinem neuen Handy auf Rasmus.
»Hallo, Julius! Hallo, Leute«, sagt er, »schön, dass du fragst. Ich habe ein Startup.«
»Was ist ein Startup?«
»Na ja!«, sagt Rasmus. »Du musst kreativ sein, innovativ, begeisterungsfähig, teamfähig und kreativ. Und du musst Ideen haben.«
»Was für Ideen?«
»Alles, was die Welt besser macht. Dinge, die es noch nicht gibt, die das Leben erleichtern.«
»Wie findet man die?«
»Na ja, du gehst durch die Welt und erfindest etwas, dass es so noch nicht gab. Zum Beispiel 2003, da dachte ich, boah, wie cool wäre es, eine Plattform im Internet zu haben, wo Privatpersonen Videos hochladen, teilen und

kommentieren können. Ich habe ein Konzept geschrieben, Unsummen in die Software gesteckt, alles vorbereitet, es gab sogar schon einen Namen: Videoyou.«

»Und dann?«

»Habe ich festgestellt, dass die Idee schon jemand gehabt hatte.«

»Und dann?«

»Hatte ich Depressionen.«

»Kennt ihr Depressionen auch, liebe JuFis?«, frage ich in mein Handy.

»Und dann bin ich mit meinem Therapeuten auf die Idee gekommen, dass es gar keine Depressionen sind. Wir haben nach einem neuen Begriff für diese Art der körperlichen und seelischen Niedergeschlagenheit gesucht. Und auch gefunden: Flat-Tire-Syndrom.«

»Und dann?«

»Haben wir festgestellt, dass schon jemand anderes einen Namen dafür gefunden hatte: Burnout.«

»Und dann?«

»Hatten wir Burnout. Na ja, dann habe ich mich wieder aufgerappelt und mir ein neues Konzept ausgedacht. Ökologisch nachhaltige Schuhe. Aus Kuhdung. Mit Bienenwachs überzogen. Auf die Idee gebracht hat mich der Spruch eines Fußballers: Haste Scheiße am Fuß, haste Scheiße am Fuß. Das fand ich witzig. Ich habe nen Pitch gemacht, hatte sogar schon einen Deal, und dann ist mir in letzter Minute der Investor abgesprungen.«

»Und dann?«

»Saß ich da mit einem Hangar voll Kuhscheiße.«

»Und dann?«

»Seitdem habe ich frei.«

»Cool, ich will auch Startup-Unternehmer werden, wenn ich groß bin. Tschüss, Rasmus.«

Rasmus winkt. Ich winke zurück.

»Das war's von mir, liebe JuFis. Nächstes Mal nehme ich euch mit zu einem anderen Freund.«

Sebastian Lehmann

WG-PARTYS

2005

Es ist sehr voll. Ich kenne niemanden, der hier wohnt. Immer noch besser als andersrum: Wenn ich hier wohnen würde und niemanden kennen würde, der hier Party macht.

Ich stehe im Flur und beobachte einen Typen, der friedlich in dem Jackenhaufen neben der Tür schläft. Daneben steht ein Mädchen und kotzt ausgiebig auf die Dielen. Als es fertig ist, lächelt es mich an und fragt, ob ich auch niemanden kennen würde, der hier wohnt. Ich nicke. Wir knutschen ein bisschen, aber dann wird ihr wieder übel, und ich gehe in die Küche, weil man immer in die Küche geht auf WG-Partys. Ein Typ pinkelt gerade in das Waschbecken.

»Endlich spült mal jemand ab«, ruft ein Mädchen, das auf dem Küchentisch sitzt und seine Zigarette gerade in einem verkümmerten Basilikum ausdrückt.

Ich öffne den Kühlschrank und nehme mir ein Bier, auf das jemand mit Edding »Das ist mein Bier, bitte nicht trinken« geschrieben hat. Es ist die letzte Flasche.

»In der Badewanne ist noch mehr«, sagt das Mädchen auf dem Tisch.

»In der Badewanne hat gerade jemand Sex«, mischt sich jemand ein, den ich auch nicht kenne.

»Wohnst du hier?«, frage ich ihn.

»Zum Glück nicht«, ruft er und ritzt mit einem Messer einen Penis in den Küchentisch.

Ich verlasse die Küche wieder und komme in ein Zimmer, in dem nur ein Typ mit Gitarre und Rastalocken auf einer Matratze sitzt und im Schein einer blauen Lavalampe immer wieder den Anfang von *Nothing else matters* spielt.

»Hast du was zu kiffen?«, frage ich ihn und er hält mir einen riesigen Joint unter die Nase. Ich nehme ein paar Züge und plötzlich kann der Rastamann besser Gitarre spielen. Ich gehe zum Bad, weil mein Bier schon wieder leer ist, aber vor der Tür hat sich eine lange Schlange gebildet.

»Bier oder Pissen oder Sex?«, fragt mich der Letzte in der Schlange. »Bier ist nämlich alle.«

»Scheiße!«, rufe ich. »Wohnst du hier?«

Er schüttelt verwundert den Kopf. Auf einmal kommt mein Mitbewohner Claudius auf uns zu, krass, dass der auch hier ist. Er hat in einer riesigen Blumenvase White Russian angerührt und gibt mir was ab. Wir gehen auf den Balkon. Dort steht schon mein anderer Mitbewohner Julian und bewirft gelangweilt Passanten mit leeren Bierflaschen. Hin und wieder hört man jemanden schmerzverzerrt aufschreien.

Ich habe plötzlich einen schlimmen Verdacht: »Sagt mal, wohnen wir hier?«

Claudius und Julian beginnen zu weinen. In diesem Moment sehen wir eine Hundertschaft Polizisten vor unserer Wohnung auffahren. Schnell seilen wir uns ab und verschwinden in die Nacht.

2015

»Wir sind zu einer WG-Party eingeladen«, sagt meine Freundin.

Ich war schon sehr lange auf keiner WG-Party mehr, in meinem Alter geht man nur noch auf Hochzeiten und Beerdigungen. Außerdem betrete ich inzwischen ungern fremde Wohnungen, da man überall seine Schuhe ausziehen muss, egal wie dreckig die Wohnung ist. Selbst bei meinen Punker-Freunden sind neben der Wohnungstür fein säuberlich die Springerstiefel aufgereiht.

»Komm, lass uns doch mal wieder was Verrücktes machen«, sagt meine Freundin.

Vielleicht hat sie recht, denke ich, das letzte Krasse, das wir gemacht haben, war, den teuren Rotwein aus dem Biomarkt mit Cola zu mischen. Wie früher. »Korea« hieß das dann so herrlich politisch unkorrekt. Hach, das war crazy.

Also gehen wir zu der Party, wir sind so wild. Als wir bei der WG ankommen, stellt sich allerdings heraus, dass es sich gar nicht um eine richtige WG-Party handelt, sondern nur um ein sogenanntes Sit-in. Ich hätte misstrauisch werden sollen, als meine Freundin meinte, dass die Party um 15 Uhr beginnen würde. Und außerdem in gar keiner richtigen WG stattfinde, sondern von unserem befreundeten Pärchen Claudius und Claudia ausgerichtet werde, das vor fünf Jahren zusammengezogen war. Und die inzwischen zwei kleine Kinder haben. Und drei Hamster. Und eine Zwergigel-Zucht.

Nein, das Letzte stimmt nicht.

Alle anderen Gäste sind schon da, natürlich ebenfalls alles Pärchen: Claudius stellt sie vor: Alexander und Alexandra, Julian und Julia und Michael und Michael (homosexuell, wir sind ja tolerant).

Wir gehen in die Küche, aber Claudius hält mich am Arm fest. »Ziehst du bitte die Schuhe aus, wir haben das Parkett gerade neu eingewachst.«

Fassungslos starre ich ihn an.

»Wir wollen unserer Putzfrau keine zusätzliche Arbeit machen«, sagt Claudia.

In der Küche erwartet uns schon ein perfektes Buffet, das Hobbykoch Claudius seit Tagen vorbereitet hat, wie Claudia strahlend erzählt. »Das Motto des Buffets ist ›Toskanafraktion‹«, ergänzt Claudius ironisch grinsend. Alle lachen herzlich. Dann berichtet Alexander von seinem neuen Job als PR-Berater im Biolimo-Bereich und Julia von ihrer Doktorarbeit über Anarchismus und Bürgertum im Prenzlauer Berg.

»Und was machst du beruflich?«, fragt mich Michael 1, als ich mir gerade mein viertes Bruschetta mit Biotomaten-Mozzarella-Scampi-Belag in den Mund schiebe.

»Ich schreibe«, sage ich.

»Och, das ist ja interessant«, ruft Michael 2. »Werbung oder Content?«

»Äh, Witze«, sage ich. »Ich schreibe Witze.«

Alle starren mich an.

Schnell wechselt Claudia das Thema und erzählt von ihrem Work-and-Travel-Urlaub in Syrien. Ich verabschiede mich auch aus der Küche und erkunde ein wenig die riesige Wohnung. Ich komme in ein saalähnliches Zimmer. Auf dem Boden kniet eine Frau und wienert das Parkett. Zwei Kinder bewerfen sie dabei gelangweilt mit Holzspielzeug und Champagnerflaschen, während sie alles für ihren YouTube-Channel *Rich Kids Berlin* filmen. Schnell gehe ich wieder zurück in die Küche. Dort ist die Party schon total ausgelassen. Meine Freundin schüttet unter lauten »Wie krass«-Rufen Cola in den Rotwein, den Claudius extra aus der Toskana importiert hat. Tränen des Schmerzes rollen über seine Wangen. Als die Party vorbei ist, so gegen 19 Uhr, sind wir dann doch ganz schön betrunken. »Das war wild«, lalle ich, während wir auf unser Taxi warten, und meine Freundin und ich knutschen ein wenig. Dann wird ihr übel, weil sie so viel Korea getrunken hat, und sie kotzt auf das Parkett.

»Die arme Putzfrau«, sagt Claudia. Alle lachen herzlich.

Maik Martschinkowsky

BUNDESWEHRBUNG

Vor einigen Jahren veröffentlichte die Bundeswehr ein Werbevideo, in dem in *A-Team*-Manier Actionszenen von Flugzeugen, Panzern, Hubschraubern und Schiffen aneinandergereiht waren, durchmischt mit Aufnahmen von fetten Explosionen, zufrieden nickenden Soldaten, der Siegessäule und leidenschaftlich exerzierenden Rekruten mit schicken weißen Handschuhen. Unterlegt war das Ganze mit treibender Rockmusik, die gelegentlich durch die Nationalhymne ergänzt bzw. kakofoniert wurde, wie man's nimmt. Ästhetik und Aussage dieses Videos erinnerten ein bisschen an eine Microsoft-Werbung aus den 90ern, in der eine begeisterte Stimme sagt: »Steuern Sie Ihr eigenes Flugzeug, erobern Sie feindliche Zivilisationen – spielen Sie eine Runde Golf!«

Der Bundeswehr-Werbeclip sorgte kurz nach seinem Erscheinen für einigen Protest seitens der sogenannten Opposition. Er war ihnen zu kriegsverherrlichend. Man hatte Sorge, es könne der Eindruck entstehen, als ginge es beim Militär um Gewalt und Waffen. Mittlerweile sind die Mobilisierungsvideos der Bundeswehr daher etwas dezenter: Die Rockmusik wurde weggelassen. Und durch einen pathetischen Orchestersoundtrack ersetzt.

Die deutschen Streitkräfte müssen an der Marketingfront aufrüsten: Die wirtschaftliche Entwicklung mit der entsprechend gesicherten hohen Arbeitslosenzahl hat es zwar nahegelegt, von einer Reserve- auf eine Berufsarmee umzustellen, genug Material zum Verheizen ist da, aber das will eben auch mobilisiert werden. Deswegen versucht die Bundeswehr auch schon seit Längerem den Ruf loszuwerden, ein rückständiger Deppenverein zu sein, bei dem sich der Einstieg rechts befindet. Orientiert an anderen Berufsarmeen fährt sie deshalb eine weitreichende Imagekampagne auf, in der sie sich als guter Arbeitgeber präsentiert, an das durch sportlich-wirtschaftliche Großveranstaltungen wieder auflebende Nationalgefühl appelliert und vor allem: indem sie Spaß suggeriert.

Und keine Frage: Mit einem Leopard II volles Brett durch Schlammgruben zu rasen, im Kampfjet ein paar Manöver zu fliegen oder mit einer fetten Kanone Sachen kaputt zu schießen macht bestimmt Spaß. Genau deswegen knüpft das oben genannte Video ja auch an die Actionfilm- und Ballerspiel-Ästhetik an. Damit wollte man vor allem die minderjährige Jugend ins Visier nehmen. Aber da ein paar Nerds mehr im Heer auch nicht so viel nützen, ist die Bundeswehr gezwungen, noch ein paar Schritte weiter zu marschieren – sie muss irgendwie versuchen, zugleich souverän und lässig zu wirken.

Also wurden einige Rekruten aus dem Kreativ-Bataillon (eigentlich »Zentrum für operative Kommunikation«, kurz: ZoK) in einen Denkpanzer gesteckt, der mit großem Hallo in die Köpfe der Menschen rollen soll.

Angegriffen wird seitdem mit allerlei Plakaten oder Postkarten, auf denen dann zum Beispiel ein lachender Soldat bei einer Übung zu sehen ist, der sagt: »Tu was für dein Land – macht gute Laune«. Die Bundeswehr als großer Karnevalsverein. »Wolle wa se reinlasse? Hey!« – Das mit den großen Umzügen durch die Stadt und dem Süßigkeitenwerfen ist den Armeen der Welt ja auch gar nicht so fremd.

Inzwischen dürfen auch Frauen in Deutschland Waffen benutzen, weshalb hier ebenfalls eifrig versucht wird, überholten Klischees etwas entgegenzusetzen. Etwa mit Plakaten stiefelschnürender Soldatinnen unter dem Motto: »Frauen mögen Vielfalt, nicht nur im Schuhregal.« Oder auch mit dem Slogan: »Soldatin in der Bundeswehr – schön Bund.«

Derzeit mag die Werbung der Bundeswehr zwar noch nicht wirklich zielsicher sein, aber Militäreinheiten brauchen ja immer ein bisschen Übung. Ich bin zuversichtlich, dass sich Spaßkampagnen des deutschen Militärs bald wie jede andere Werbung in unseren Alltag integrieren, vielleicht mit flotten Sprüchen wie: »Die Bundeswehr – zum Schießen!« oder: »Die Bundeswehr: Schon morgens strammstehen.«

Trendige tarnfarbene Bundeswehrstoffbeutel gibt es ja schon. Bundes-Wear quasi. Da sollten sie aber auch mal ein paar flotte

Sprüche draufdrucken, finde ich: »So jung kommen wa nimmer zusammen« vielleicht oder: »Spaß ohne Grenzen!«

Die immer wieder thematisierte Ausweitung der Inlandseinsätze der Bundeswehr hätte wahrscheinlich weniger das Ausknipsen verblödeter Selbstmordattentäter zum Ziel als vielmehr eine verbesserte Integration des Militärs in den Alltag. – Wenn Schüler gelangweilt aus der Geschichtsstunde kommen, wo sie außer empörter Distanzierung relativ wenig über die Mechanismen oder die Entstehung von totalitären Staaten gelernt haben, kann die Bundeswehr sie dort abholen, wo sie stehen. Und zwar mit dem Panzer. Und dann denken die vielleicht: »Die Bundeswehr: Der Knaller.« Aber auch an die karrierebewussten jungen Menschen muss gedacht werden, hier bieten sich möglicherweise Slogans an wie: »Die Bundeswehr: Immer ein Ziel vor Augen.« oder: »Einsatz im Außendienst: Weltweit nette Leute treffen.«

Zur Attraktion des Außendienstes der Bundeswehr tragen ja zudem die exklusiven Sonderkonzerte von bekannten Größen wie Paul Kalkbrenner, Xavier Naidoo oder Kurt Krömer bei. Es ist nur noch eine Frage der Zeit, bis bei uns die erste Anfrage einflattert, ob wir nicht bei einem Poetry Slam zum Thema Freiheit in einem Camp der Bundeswehr auftreten wollen. Fahrtkosten und Unterkunft werden bezahlt, es gibt zwei Freigetränke.

Im Zuge dessen würde ich der Bundeswehr aber auch nahelegen, ihr doch etwas sperriges Motto »Wir. Dienen. Deutschland.« durch einen Poetry-Slam-artigen Dreisatz zu ersetzen: »Dein Land. Dein Gewehr. Deine fünf Minuten.«

Die Bundeswehr: Da fliegen die Fetzen!

Marc-Uwe Kling

UNBEKANNTE NUMMERN

Ich sitze am Rechner und bezahle Rechnungen. Zwei von mir. Zehn vom Känguru. Mir fehlen aber Kontonummern, also gehe ich ins Wohnzimmer, um das Känguru auf die einzige mir bekannte wirksame Art und Weise aufzuwecken. Ich kippe es aus der Hängematte.

»Bist du beschissen?«, ruft es. »Wie kommst du dazu, mich um halb sieben morgens an einem Sonntag ...«

»Es ist schon halb zwölf«, sage ich. »Und außerdem Montag.«

Das Känguru tapst mit seiner Pfote auf dem Boden herum.

»Was machst du da?«, frage ich.

»Ich suche mein Bewusstsein«, sagt das Beuteltier. »Gestern Abend hatte ich's noch, da bin ich mir ganz sicher. Doch dann, wo hab ich's hingelegt?«

Ich seufze.

»Was willst du überhaupt von mir?«, fragt das Känguru. »Worum geht's?«

»Geld«, sage ich.

»Du immer mit deinen Profanitäten«, sagt das Känguru. »Ich weiß, dass ich dir Geld schulde, aber fürchte dich nicht! Ich hatte eine Geschäftsidee! Pass auf. Meine Geschäftsidee: Ich schreibe einfach auf, was mir so passiert, und dann verkaufe ich diese Anekdoten an einen Verlag des Großkapitals und betitle das Buch *Ist das Kleinkunst oder soll das nicht witzig sein?*. Ich nenne das Geschäftsmodell ›Brötchen durch Anekdötchen‹. Was hältst du davon? Glaubst du, man kann davon leben?«

»Ich gebe dir mal fünf Minuten, um deine gute Laune wiederzufinden«, sage ich. »Vielleicht hast du die ja auch nur verlegt.«

Auf dem Weg in mein Zimmer stoße ich mir meinen Kopf an der Wohnzimmerlampe. Es tut aber nicht weh. Ich trage eine Bommelmütze.

Fünf Minuten später komme ich zurück ins Wohnzimmer. Mit einer flüssigen Tanzbewegung gleite ich geschmeidig unter der Lampe hindurch.

»Damit hat keiner gerechnet«, sagt das Känguru. Es sitzt immer noch auf dem Boden.

»Also«, sage ich. »Ich brauche die Kontonummer von dem Typen, den du im Park vom Bierbike geschleudert hast.«

Der Typ hatte voll den Aufstand gemacht, weil sein Anzug dabei schmutzig geworden war, und sich nur durch Zahlungsversprechen meinerseits beruhigen lassen.

»Ah ja«, sagt das Känguru und zieht erst einen, dann zwei, dann unzählige Zettel mit langen Zahlenreihen aus seinem Beutel.

»Hast du in einem Anflug von Ordnungswahn alle lose in deinem Beutel herumliegenden Zettel mit einer Seriennummer versehen?«, frage ich.

»Nee«, sagt das Känguru. »Das meiste sind Telefonnummern.«

»Warum kannst du deine Kontakte nicht in einem Handy speichern, wie alle anderen auch?«, frage ich.

»NSA«, sagt das Känguru.

Ich seufze.

»Mein System ist hervorragend«, sagt das Känguru. »Das einzige Problem ist, dass ich leider nie mit auf die Zettel schreibe, wem die Nummer gehört. Das hat unter anderem zur Folge, dass ich die Zettel nicht wegwerfen kann, denn ich weiß ja nicht, ob die Nummer wichtig ist.«

»Wir werden gleich und auf der Stelle Ordnung in das Zahlengewirr bringen«, sage ich. »Du rufst jetzt alle Nummern an und schreibst Namen dazu.«

Das Känguru zuckt mit den Schultern. Es nimmt sein Handy und wählt die erste Nummer. Krapotke meldet sich.

»Rufnummer unterdrückt?«, fragt er. »Das bist du, Beuteltier, oder? Das freut mich aber, dass du anrufst.«

Das Känguru legt auf und wirft den Zettel in den Müll.

Nach einigen ähnlichen Anrufen – zwei Mal hatte das Känguru tatsächlich wieder Krapotkes Nummer aufgeschrieben gehabt – stößt es auf eine härtere Nuss.

»Kennst du einen Ernesto?«, fragt es mich.

»Ist er Argentinier?«, frage ich. Ist er aber nicht. Das Känguru überlegt eine halbe Stunde gemeinsam mit Ernesto, woher sie sich wohl kennen, bis dem Känguru auffällt, dass es wahrscheinlich die Kontonummer von dem Typen vom Bierbike angerufen hat. Das Känguru versucht trotzdem, Ernesto für das Asoziale Netzwerk zu gewinnen.

»Ich meine, bei dem Vornamen …«, flüstert es mir zu.

Es verabredet sich mit Ernesto für Dienstagabend bei Herta. Derweil mach ich eine Online-Überweisung an den Typen vom Bierbike. Betrag: 1 Cent. Kurz blicke ich auf des Kängurus T-Shirt, dann gebe ich als Verwendungszweck ein: »0100011001110101011 00011011010110010000001111001011011110111010 1«.

Derweil überlegt das Känguru, wie es noch mehr Leute für die Weltrevolution rekrutieren könnte. Schließlich ruft es den Gaszählerstand an – und Zufälle gibt's: Krapotke geht ran.

TOURTAGEBUCH
Samstag

Liebes Tagebuch,

mir ist voll langweilig. Wir haben Aufenthalt auf unbestimmte Zeit. Zwischen Dortmund und Münster. Eine Strecke, wo kein Hund gerne vergraben sein möchte.

Wir stehen in Hamm. Ich glaube, dass Hamm von Leuten errichtet wurde, die irgendwann mal dort Aufenthalt auf unbestimmte Zeit hatten. Wenn man irgendwo nicht mehr wegkommt, baut man halt ein Haus. So entstehen Städte. Ich kenne niemanden in Hamm, aber eines ist schon sicher, bevor man diesen Ort überhaupt betritt: Die Bewohner sind Hammer. Außer diesem Wortwitz passiert leider überhaupt nichts.

Als wir vorhin gepokert haben, hat sogar Sebastian mitgespielt. Damit die Zeit schneller rumgeht. Ich hatte leider überhaupt kein Glück. Alles verloren. Unser Impresario besitzt jetzt Maiks Studienkredit, und mir haben sie einen neuen Namen gegeben: Youlose Fischer.

Jetzt sitze ich hier und höre den alten Leuten in unserem Abteil zu. Sie sind sehr einfältig. Kommen bestimmt nicht aus Kleve. Sonst wären sie ja Klever. Haha.

Die alten Leute haben alle irgendeine Kombination mit Klaus oder Jörg als Vornamen. Klaus-Peter, Klaus-Jörg, Jörg-Uwe, Klaus-Jürgen.

„Ich bin froh, dass wir alle total normal heißen", sagt Marc-Uwe.

Ich muss aufhören mit Schreiben, wir sind gerade angekommen ...

Es ist jetzt schon kurz vor acht. Heute ist alles ein bisschen anders, weil Kevin mit dabei ist. Kevin ist unser Techniker. Also „Techniker". Viel Technik brauchen wir nicht, schließlich kommen die Leute immer nur wegen Marc-Uwe, und der könnte auch einfach sein Hörbuch abspielen und dazu die Lippen bewegen, während wir anderen im Backstage sitzen und weinen. Kevin konnte bei den ersten Auftritten nicht dabei sein, weil er noch Howard Carpendale abgemixt hat. Also „abgemixt". Er hat auf „play" gedrückt.

Das Hotel ist gut, sogar Lars hat diesmal ein Zimmer. Mit Kevin. Und es gibt einen Pool.

Als wir vorhin in der Venue angekommen sind – wir sagen jetzt immer „Venue" und „Showtime", weil Kevin das auch so macht –, hüpften wir vor Happiness, denn es gab eine Tischtennisplatte.

Lars hat den Soundcheck gemacht („I like the mic!"), damit wir Doppel spielen konnten. Das haben wir gemacht. Drei Stunden. Ich bin völlig verschwitzt. Entschuldige die Tropfen. Aber wenn ich erst heute Nacht schreibe, vergesse ich wieder die Hälfte.

Maik sagt: „Hey, immer wenn ich mit einem von euch dreien zusammen spiele, verliere ich."

Darauf Marc-Uwe: „Wir sind doch nur zu viert. Das ist nicht logisch!"

Darauf wieder Maik: „In meiner Welt schon."

Maik hat Philosophie studiert. Zu Ende.

Sebastian höhnt: „Sogar ich habe alle Spiele gegen dich gewonnen, Maik. Und das mit diesen Armen." Er zeigt seine Arme. Dabei fällt mir erstmals auf, was für große Hände Sebastian hat. Verglichen mit dem Rest. Ein umgekehrter Hobbit.

Maik sagt: „Na, ein Game machen wir noch. Wer spielt mit mir? Ich habe ein gutes Gefühl."

Sorry, Diary. Die Pflicht ruft.

Hab Dich lieb,

Dein Julius

Sebastian Lehmann

ROMMÉ

Ich bin bei meinen Eltern zu Besuch, wir sitzen im Wohnzimmer und spielen Rommé. Wie immer gewinne ich souverän und freue mich übermäßig.

»Ich bin so gut!«, rufe ich. »Schon wieder Rommé-Hand und ihr verliert! Haha! Ich gewinne gegen euch beim Rommé, da ist es auch nicht schlimm, dass ich neunzehn Semester ein von euch finanziertes Studium verbummelt habe, semi-lustige Geschichten schreibe und ein leidliches Auskommen habe, weil ich zufällig Marc-Uwe Kling kenne.«

Ich lache sehr laut, aber meine Eltern schauen mich ernst an. »Ihr habt wirklich keinen Humor«, sage ich.

»Mit Humor bezahlt man auch keine Rechnungen«, sagt mein Vater.

»Na ja, Marc-Uwe irgendwie schon«, sage ich.

Meine Mutter schaut mich ernst an. »Nur weil ich deine Mutter bin, heißt das noch lange nicht, dass ich keinen Humor habe.«

»Doch«, sage ich. »Du fandest es zum Beispiel gar nicht witzig, als ich dir letzte Weihnachten das Buch über den Ödipus-Komplex von Sigmund Freud geschenkt habe.«

»Eigentlich fand es vor allem dein Vater nicht witzig«, sagte meine Mutter. »Außerdem bedeutet es nicht, dass ich keinen Humor habe, nur weil ich über deine Witze nicht lachen kann. Über Marc-Uwes Witze kann ich nämlich zum Beispiel immer lachen.«

Ich staune. Ein erstaunlich logisches Argument für meine Mutter. Ich versuche mit einem typischen Elternargumentationsmuster dagegenzuhalten: »Das ist was anderes!«

»Gestern habe ich übrigens den Rafael getroffen«, wechselt meine Mutter das Thema. »Mit dem hast du früher immer so schön gespielt.«

»Ich kann mich an keinen Rafael erinnern«, sage ich.

»Ihr wart doch beste Freunde«, lässt sich meine Mutter nicht beirren.

»Ich kenne wirklich keinen Rafael!«

»Doch, den Rafael, den kennst du.«

»Nein!«, rufe ich.

»Schrei deine Mutter nicht so an«, mischt sich mein Vater ein.

»Das machst du doch auch immer«, sage ich.

»Das ist was anderes«, sagt mein Vater.

»Na gut, Mama, ich erinnere mich an Rafael«, lenke ich schließlich ein. »Wie geht's denn meinem alten Freund?«

»Der hat jetzt ein Kind«, sagt meine Mutter.

»Wahnsinn, wie hat er das bloß geschafft?«

»Hatten wir dir das nicht erklärt?«, fragt mein Vater. »Das ist wie bei den Bienen, wenn sie eine Blume ...«

»Ich weiß, wie man Kinder macht!«, unterbreche ich ihn.

»Enkelkinder, hach, das wäre schön, aber da können wir ja lange warten«, sagt meine Mutter. »Willst du keine Kinder, weil du Angst hast, sie könnten so werden wie du?«

»Mama, das hast du jetzt nicht wirklich gesagt.«

»Aber ihr habt schon mal, oder? Du und deine Freundin?«, fragt meine Mutter.

»Was meinst du?«

»Na ja, du weißt schon, dings.«

»Dings?«

»Na halt das, was man machen muss, um Kinder zu kriegen ...«

Ich werfe meine Rommé-Karten wütend auf den Tisch. »Ich werde jetzt nicht mehr über Kinder reden!«

»Reg dich doch nicht so auf«, sagt meine Mutter.

»Wir lassen dich schon die ganze Zeit gewinnen, damit du nicht wieder so schlecht gelaunt bist«, ergänzt mein Vater.

Ich springe empört auf. »Das stimmt doch nicht! Ich spiele einfach besser als ihr, deswegen gewinne ich die ganze Zeit!«

»Mhh, natürlich«, sagt meine Mutter.

»Wir haben dich früher als Kind auch schon immer gewinnen lassen«, sagt mein Vater ungerührt.

»Das stimmt nicht!«, rufe ich.

»Du freust dich doch immer so, wenn du gewinnst«, sagt meine Mutter. »Uns ist das nicht so wichtig.«

»Schau, hier.« Mein Vater zeigt mir seine Karten. »Ich hätte schon längst fertig machen können.«

Tatsächlich, er hat viel bessere Karten als ich. Ich lasse mich resigniert in den Sessel fallen. »Auch beim Monopoly?«, frage ich schließlich.

»Ist doch nicht so wichtig«, sagt meine Mutter.

»Scrabble?«, frage ich den Tränen nahe.

Meine Eltern nicken bedrückt.

»Wir dachten, wenigstens bei ›Mensch ärgere dich nicht‹ würdest du es merken«, sagt meine Mutter.

»Aber nee«, ergänzt mein Vater.

»Mein ganzes Leben aufgebaut auf Lug und Trug«, sage ich mit tränenerstickter Stimme. »Meine einzigen Erfolgserlebnisse von fürsorgenden Eltern unrechtmäßig herbeigeführt. Ich bin ein Verlierer, ein Loser.«

»Hast du nicht kürzlich den dritten Preis bei diesem Kabarettwettbewerb gewonnen?«, versucht mich meine Mutter aufzumuntern.

»Es gab nur drei Teilnehmer«, sage ich leise.

»Du bleibst immer unser Sohn, auch wenn du ein Verlierer bist«, sagt mein Vater.

»Jetzt tut er mir doch leid«, flüstert meine Mutter laut meinem Vater zu. Nur Mütter können ja so laut flüstern, dass es jeder hört.

»Du kannst dich ja mal mit dem Rafael treffen«, sagt meine Mutter dann zu mir. »Der ist jetzt erfolgreicher Fliesenleger. Vielleicht kannst du bei ihm mal ein Praktikum machen.«

Ich schaue meine Mutter fassungslos an. »Das war jetzt ein Witz, oder?«

»Und dann sag noch mal, dass ich keinen Humor habe«, sagt meine Mutter und verteilt die Karten neu.

Maik Martschinkowsky

EIN TAG IM LEBEN UND STERBEN
DES A.O.

A.O. wacht auf. Dazu braucht er manchmal länger, als er schlafen konnte. Meist bleibt er, wenn der Schlaf beendet ist, noch einige Zeit liegen und wartet darauf, dass er aufwacht. Nach ein paar Minuten merkt A.O., dass es heute besonders schwer zu sein scheint, und beschließt, irgendwas zu tun.

Als er den Kopf hebt, blickt er in das angestrengte Gesicht seiner Katze, die auf dem Schreibtisch sitzt und offensichtlich seit geraumer Zeit versucht, ihn mittels Gedankenübertragung dazu zu bringen, ihr endlich eine Futterdose zu öffnen. A.O. denkt darüber nach. Die Katze versucht weiterhin, seine Gedanken irgendwie umzulenken.

Schließlich gelingt es ihr. A.O. steht auf, gibt ihr Futter in den Napf und streichelt sie noch ein bisschen beim Fressen, weil sie das besonders mag. Dann füttert A.O. sich selbst, wobei die Katze ihn ankuschelt, weil sie denkt, dass er das auch mag. A.O. weiß nicht, ob sie recht hat. Aber was ist schon richtig und falsch?

Nach dem Essen starrt A.O. noch ein bisschen ins Leere. Weil er immer noch nicht wach ist, und weil er's kann. Er geht ins Zimmer zurück, schaut eine Weile aus dem Fenster, nimmt dann ein Buch aus dem Regal und blättert darin herum. Es war lange Zeit sein Lieblingsbuch. Bis er es gelesen hatte. Es vermittelt ihm das seltsame Gefühl, dass nicht er es, sondern es ihn liest.

A.O. steckt die Nase in die Mitte des Buches und schnuppert. Dann stellt er es wieder zurück und legt sich ins Bett, um noch ein wenig aufzuwachen. Dabei denkt er über schwarze Löcher nach und fragt sich, ob die wohl auch über ihn nachdenken.

Einige Zeit später schreibt A.O. drei E-Mails und liest versehentlich ein paar Wikipedia-Artikel. Als er das merkt, steht er auf, geht in die Küche, beginnt einen Teller zu spülen, stellt ihn dann aber doch wieder zurück auf den Haufen dreckigen Geschirrs, schaut auf die Uhr und beschließt, einkaufen zu gehen.

Auf dem weg hört er, wie jemand sagt »…die hatten alle Gasmasken auf …« Daraufhin denkt er sich einen Film aus, an dessen Ende Held und Bösewicht einander gegenüberstehen und der Held beginnt, seinen kompletten Plan inklusive Schwachstellen vor dem Bösewicht auszubreiten, weshalb der Bösewicht in letzter Sekunde doch noch die Weltherrschaft an sich reißen kann.

Im Supermarkt streift A.O. ziellos durch die Gänge. Er ist immer noch nicht richtig wach. Er nimmt ein Produkt aus dem Regal und liest die Verpackung: »Spontane spritzig-grüne Frische und feinwürziger Koriander. Im feminin-floralen Herzen ein Bouquet weißer Pfingstrosen, während der Fond mit der Transparenz des weißen Moschus und der tiefen Wärme von Kaffee und Weihrauch strahlt.«

A.O. stellt das Parfüm wieder zurück und holt sich einen Einkaufswagen, den er mit dem befüllt, wovon er denkt, dass man es braucht. Zwischendurch kichert er ein bisschen, weil eine Lautsprecherdurchsage kommt: »Bitte einmal Porno an Kasse sechs. Porno an Kasse sechs, bitte.«

A.O. kommt hinter der Schlange an Kasse sechs zum Stillstand. Die Schlange scheint ihm etwas länger als andere zu sein. Aber es ist ihm zu anstrengend, die Kasse zu wechseln. Er schaut die Leute an, denkt darüber nach, dass sie alle mal sterben müssen, und fragt sich, wie. Er findet es absurd, dass Lebewesen mit allen erdenklichen Mitteln versuchen zu überleben und dann einfach irgendwann von selbst umfallen.

A.O. weiß nicht, warum der Rückweg so lange gedauert hat. Er sitzt am Küchentisch, gegenüber dem unausgepackten Einkauf, den seine Katze versucht, mittels Röntgenblick zu durchleuchten, und liest Zeitung. In der Zeitung steht, dass irgendwas Peinliches für die Regierung passiert ist, die daraufhin umgehend eine Kommission für sinnfreien Aktionismus gebildet hat. A.O. denkt über sinnfreien Aktionismus nach. Dann denkt er über sinnvollen Aktionismus nach. Inzwischen ist es dunkel, und er öffnet den Kühlschrank, um ein wenig zu heizen. Seiner Katze gefällt das und sie schnurrt ein orientalisches Volkslied. Langsam wird er wach. Das merkt er daran, dass sein Herz allmählich aufhört zu schlagen. »Rosebud«, sagt er zu seiner Katze und klopft sich auf die Schenkel. »Rosebud, komm mal her, ich muss dir was sagen.« Seine Katze springt ihm auf den Schoß und versucht, seine Gedanken zu lesen. A.O. streicht ihr sanft über den Kopf »Rosebud«, sagt er noch einmal, »Rosebud, ich glaube, du bist ein bisschen verrückt.«

Dann fangen seine Augen auf einmal an zu tropfen und benetzen das Fell seiner Katze, die sich vor Schreck an ihrem Schnurren verschluckt.

»Rosebud, so kann das nicht weitergehen. Du hängst den ganzen Tag nur rum. Dabei hattest du dir doch vorgenommen, ein nützliches Mitglied der Gesellschaft zu werden.« Rosebud rollt sich trotzig zusammen wie eine Galaxie um ein schwarzes Loch. »Hör mal«, sagt A.O. in tadelndem Ton und wischt sich die Tränen aus den Augen, »das kann sich für dich doch auch nicht gut anfühlen. Morgen gehst du los und suchst dir eine Aufgabe. Dann geht's dir bestimmt besser.«

A.O. tröstet noch ein bisschen seine traurige Katze und legt sich dann ins Bett, weil es an der Zeit ist, schlafen zu gehen. Das fällt ihm zwar schwer, jetzt wo er grade wach geworden ist, aber schließlich hat Rosebud morgen einen wichtigen Tag. Da will er genug geschlafen haben. »Schlaf«, denkt er noch, »Schlaf ist wie ein schwarzes Loch – dunkel, zeitlos und unendlich verdichtet.« Wenn ein Stern ausgebrannt ist, dann entsteht ein schwarzes Loch.

TOURTAGEBUCH
Samstag, später

Liebes Tagebuch,

es ist Sonntagmorgen, so gegen vier. Ich bin ein kleines bisschen betrunken. Der Auftritt heute fing erst halb zehn an, weil wir warten mussten, bis Maik einmal beim Tischtennis gewonnen hat. Gegen die Wand.

Alle waren deshalb ein bisschen gereizt. Und Lars war traurig, weil letzter Abend war. Er saß trübselig auf dem Schmalzeimer, trank eine Flasche Weißwein nach der anderen und murmelte unentwegt: „I don't like it. After this, you don't need me."

Nach der Show haben wir Bücher signiert. Marc-Uwes Bücher. Im Backstage.

Dann wollten wir alle noch was trinken gehen, dancen, Ladys kennenlernen. Schließlich sind wir Stars. Also Marc-Uwe ist einer.

Unser Ziel war ein Technoclub, in dem ein DJ auflegte, den Maik kannte. Vor allem aber kannte Kevin den Türsteher.

Lars war dann irgendwie eingeschnappt und wollte nicht mitkommen. Aber auf dem Weg zum Club konnten wir immer wieder seine mächtige Gestalt erkennen, die total unauffällig von Laterne zu Laterne eilte.

Im Club stellten wir uns neben die Toiletten und versuchten, Ladys kennenzulernen.

Außer Marc-Uwe, der hatte plötzlich einen Backstagepass und verschwand dorthin, um an seinem Blockbuster-Drehbuch zu schreiben. Und außer Kevin, der kannte den Türsteher doch nicht. Und außer Lars, der direkt an uns vorbei auf die Tanzfläche hüpfte mit den Worten: „Hmmm, dancen, I like it." So schnell ging das bei ihm.

Sebastian holte Drinks, damit uns nicht langweilig werden würde beim Ladys kennenlernen. Wir hängten ihm ein Schild mit der Adresse des Hotels um den Hals, falls er verloren gehen würde.

Dann musste ich auf die Toilette.

Als ich wiederkam, hatte Maik fast Kontakt geknüpft.

„Schau jetzt nicht so auffällig nach links!", sagte er.

Ich schaute nach links.

„Mann, nicht so auffällig, siehst du die zwei Ladys? Die haben mich gerade angeascht, noch eine halbe Stunde, dann spreche ich sie an."

Nach zwanzig Minuten kamen zwei Erasmusstudenten und nahmen die Mädchen mit. Sie küssten sofort, obwohl sie sich nicht kannten.

Wir waren enttäuscht.

„Die waren schon hübsch", sagte Maik.

Ich hob den Zeigefinger.

„Wir haben doch eh Freundinnen."

„Alleine die Illusion von Freiheit bringt den Delfin im Netz zum Tanzen, sagt ein burmesisches Sprichwort", sagte Maik.

„Wo ist eigentlich Sebastian?", fragte ich.

Wir fanden Sebastian an der Bar, wo er eingeschlafen war. Als er aufwachte, wollte er sofort gehen.

Er ist der Kleinste, deshalb bekommt er immer, was er will.

Wir suchten die anderen. Lars war auf dem Dancefloor.

„Was ist das für abscheuliche Musik?", fragte ich und hielt mir die Ohren zu.

„Der DJ heißt CO.llateral DeFusion", erklärte Maik. „Seine Besonderheit ist die Zerstückelung von Musik. Postbreakbeat sozusagen."

„He breaks the break. It's great", lallte Lars, der an uns vorbeitänzelte.

Ich packte ihn am Kragen und wir verließen alle gemeinsam den Club. Außer Marc-Uwe, der war schon draußen und nahm mit Kevin zusammen sein neues Hörbuch auf. Vor Live-Publikum.

Mit dem Taxi fuhren wir ins Hotel und brachen noch in den Wellnessbereich ein, um ein letztes Bier im Pool zu trinken. Weil wir Rockstars sind. Also Marc-Uwe ist einer. Und der ist schlafen gegangen.

Jetzt freue ich mich total auf mein Bett. Und auf zu Hause. Freust Du Dich auch schon auf zu Hause, liebes Tagebuch? Wir sprechen uns bald. Du bist mein bester Freund.

Dein Julius

Marc-Uwe Kling

DAS ÜBLICHE

Das Telefon klingelt. Ich nehme ab und sage, wie es mir meine Mama beigebracht hat, zur Begrüßung: »Wir kaufen nichts.«

Es knistert. Die Verbindung ist schlecht.

»Hör jetzt gut zu«, sagt das Känguru. »Das hier ist wichtig und ich habe nicht mehr viel Guthaben auf dem Handy.«

»Wo steckst du denn?«, frage ich. »Ich hab dich schon ewig nicht mehr gesehen.«

»Mein Standort ist geheim. Nur so viel: Ich bin auf einer Insel und habe mit den Genossen …«

»Du bist auf Kuba?«

»Das ist nicht Quizduell!«, ruft das Känguru. »Hör auf, mitzuraten.«

»Was machst du denn da? Ist es schön auf Kuba? Ich wollte da auch schon immer mal hin.«

»Sei jetzt still und hör zu!«, mahnt das Känguru. »Ich hab mit den Genossen einen Plan ausgetüftelt. Hast du die Landkarte bekommen, die ich dir zugefaxt habe?«

»Du hast mir etwas gefaxt?«, frage ich. »Warum hast du's nicht gleich mit der Postkutsche geschickt? Oder per Rauchzeichen übermittelt?«

»Du! Das ist kein Spaß! Na jedenfalls: Wir landen irgendwann in einer Nacht-und-Nebel-Aktion auf Usedom, sickern dann langsam durch die Uckermark ins Landesinnere und verschanzen uns erst mal im Harz.«

»Äh, okay«, sage ich. »Und warum?«

»Na weil wir doch Revolution machen.«

»Wer wir?«

»Na, äh, du. Und ich.«

»Ich und du.«

»Ja, und noch achtzig weitere Leute von der Bewegung des 26. Juli.«

»26. Juli?«, frage ich. »Sandra Bullocks Geburtstag?«

»Was?«, fragt das Känguru.

»Die fand ich früher mal ganz toll. Weißte? Wegen *Speed*.«

»Was?«

»Dem Film. Nicht der Droge.«

»Den Film kenn ich nicht.«

»Kennste nicht?«, frage ich. »Ist wie *Speed 2*. Nur mit nem Bus.«

»Was?«

»Milhouse hat das mal gesagt, bei den *Simpsons*.«

»Stopp!«, ruft das Känguru. »Lenk nicht ab.«

»Okay. Und was machen wir zweiundachtzig dann auf dem Brocken? Feiern wir Walpurgisnacht?«

»Zwölf«, sagt das Känguru. »Die Erfahrungswerte zeigen, dass nur zwölf durchkommen.«

»Du machst einem die Unternehmung nicht gerade schmackhaft.«

»Wir zwölf machen das Übliche halt«, sagt das Känguru. »Wir werden ein Guerilla-Ausbildungslager gründen, einen Radiosender aufstellen …«

»Mit den größten Hits der 50er, 60er und 70er, oder wie?«

»… und wir werden versuchen, die Bauern für unsere Sache zu gewinnen.«

»Und mit welchen Thesen willst du die sachsen-anhaltinischen Landwirte gewinnen?«, frage ich. »Versprichst du einen fünf Cent höheren Milchabnahmepreis?«

»Sehr gut«, sagt das Känguru. »Warte. Das schreibe ich mir auf.«

Ich warte.

»Also«, sagt das Känguru schließlich. »Ich dachte daran, schon innerhalb der ersten paar Wochen die Bundeswehrkaserne in Blankenburg anzugreifen.«

»Soso.«

»Das Überraschungsmoment werden wir auf unserer Seite haben.«

»Zweifellos.«

»Du bist also dabei?«, fragt das Känguru.

»Nun, wenn ich nicht allzu sehr das Gefühl hätte, dass hier mal wieder aufgrund von Denkfaulheit ein überholtes Widerstandskonzept …«

»Warte mal«, sagt das Känguru. »Es hat gerade an der Tür geklingelt.«

»Echt? Ich habe gar nichts gehört.«

»Ja«, sagt das Känguru, »weil es war die Tür in meinem Kopf und davor stand ein kleiner Mann und hat gesagt: LANGWEILIG!«

Ich seufze.

»Okay. Ich mach mit.«

»Gut.«

»Bist du noch lange bei Herta in der Kneipe?«, frage ich. »Lohnt es sich, noch vorbeizukommen?«

»Nun, ich bin bestimmt noch lange hier, aber dass es sich lohnen würde, vorbeizukommen, das kann ich guten Gewissens nicht behaupten.«

»Ich komm trotzdem«, sage ich.

»Nichts anderes habe ich erwartet«, sagt das Känguru. »Wir treffen uns im Hinterzimmer. Ich werde an einem Rubikwürfel arbeiten. Daran kannst du mich erkennen.«

»Ich werde dich daran erkennen, dass du ein Känguru bist«, sage ich.

»Ja, das geht auch.«

»Dir ist schon klar«, sage ich, »dass ich aufgrund solcher Anrufe vom Verfassungsschutz überwacht werde?«

»Man muss die beschäftigt halten«, sagt das Känguru, »sonst machen die nur Unsinn.«

Sebastian Lehmann

SO LEBENDIG

Drei Stunden Sonnenlicht sind zu wenig, denke ich, als ich mal wieder um halb zwei mittags aufwache und müde aus dem Bett krieche. Scheiß Winter. Dem Paketboten erzähle ich immer, wenn er mich mittags aus dem Bett klingelt und ich ihm im Pyjama die Tür öffne, damit er sämtliche Pakete für die Nachbarn in meinen Flur stellen kann, dass ich nachts arbeite. Denn ein echter Schriftsteller schreibt natürlich nur nachts.

»Sie brauchen sich nicht vor mir rechtfertigen«, sagt der freundliche Paketbote. »Ich arbeite auch nachts, als Nachtwächter in einer Fabrik, weil ich von meinem mickrigen Lohn als Paketbote meine Familie nicht ernähren kann.«

Jetzt fühle ich mich noch schlechter. »All art is useless«, denke ich. Aber vor allem: »All artists are useless.« Und ich bin nicht mal Künstler, sondern schreibe lustige Geschichten. Mein Lektor hat mir kürzlich erzählt, dass es im Verlag zwei getrennte Bereiche gebe, einen für Literatur und einen für Unterhaltung.

»Und zu welchem gehören meine Bücher?«, fragte ich.

Mein Lektor lachte laut und herzlich.

Ich ziehe mir schnell die Übergangsjacke an, weil ich das Wort irgendwie poetisch finde, eine Jacke für den Übergang. Dazu noch die Halbschuhe. Alles keine richtigen Kleider. Dann gehe ich nach draußen in den Tag. Draußen nieselt es aber. Außerdem ist es zu kalt für die Übergangsjacke. Ich schlage den Kragen der Jacke hoch, weil das in den Filmen aus den 50er-Jahren immer so cool aussah. Aber heute machen das nur noch Burschenschaftsstudenten aus Heidelberg. Es hilft ohnehin nicht gegen den Wind, der in Berlin immer von vorne ins Gesicht weht, egal in welche Richtung man gerade läuft.

Ich gehe durch den Gleisdreieckpark nach Kreuzberg. Dabei denke ich an das Lied von Ryan Adams, So alive, das ich gerne gehört habe, vor zehn Jahren, als ich noch ein kleiner Indiejunge war. Heute bin ich nur noch klein, würde Julius Fischer sagen. Ryan Adams ist für einen Indiemusiker übrigens ein eher schlechter Name. »Spiel endlich *Summer of 69*!«, rufen sie regelmäßig bei seinen Konzerten. Ich stelle mir vor, in Deutschland linker Politiker werden zu wollen und Angelo Merkel zu heißen. Oder Sigrid Gabriel. Oder umgekehrt: Bei der AFD Karriere machen zu wollen und Karsten Marx zu heißen. Und dann zusammen mit dem Kollegen Dietrich Engels ein Positionspapier gegen den Euro zu schreiben.

»Dieser Namenswitz trägt auch nicht ewig«, würde mein Lektor jetzt sagen. »Vergessen Sie nicht, Sie sollen die Leute unterhalten.«

»Immerhin schreibe ich Unterhaltungsliteratur und lektoriere sie nicht nur!«, rufe ich und lache triumphierend. Ein paar Spaziergänger drehen sich misstrauisch zu mir um. Ich fühle mich sogar besser, wenn ich meinen Lektor nur in Gedanken beleidige. Sonst würde ich das auch nie tun.

Jedenfalls wollte ich eigentlich sagen, dass Ryan Adams in seinem Lied singt, dass er sich »so alive« fühlt – aber er singt es auf eine sehr müde und traurige Weise. So »so alive« fühle ich mich im Moment auch.

Plötzlich rast ein Typ mit seinem Fahrrad haarscharf an mir vorbei. »Das ist hier kein Fahrradweg, du Vogel!«, rufe ich ihm hinterher.

Habe ich das gerade wirklich gesagt? Was ist das überhaupt für ein Schimpfwort: du Vogel? Und wenn ich schon mit dreiunddreißig mit solchen Sprüchen anfange, wie missmutig und motzig bin ich dann erst mit dreiundsiebzig? Ich sehe mich schon tagelang am Fenster sitzen und die Straße beobachten. Und immer wenn die Kinder auf der Straße fröhlich Fußball spielen, schreie ich: »Ruhe! Oder ich hol die Polizei, ihr Vögel!«

Als der nächste Radfahrer an mir vorbeirast, rufe ich: »Das ist hier kein Fahrradweg, du Wichser. Ich ficke deine Mudder, bis sie vor Ekstase stirbt, wenn du nicht die bekackte Arschlochstraße benutzt, du Hurensohnopfer.«

Der Radfahrer dreht sich um und zeigt mir anerkennend den Vogel.

Inzwischen bin ich in Kreuzberg angekommen. Vor einem Restaurant beobachte ich ein spanisches Touristenpärchen, das die Bedienung fragt, was für eine Küchenrichtung sie denn kochen.

»Spanish«, antwortet die Bedienung.

Enttäuscht geht das Pärchen weiter. Berlin ist auch nicht mehr das, was es mal war. Aber das kann man ja über alles sagen. Außer vielleicht über Nordkorea. Vielleicht ist Veränderung doch nicht so schlecht.

Mir kommt eine Gruppe Teenager entgegen. Sie tragen alle Turnbeutel, sogenannte »Gymbags«, und ich bin mir sicher, dass sie nicht auf dem Weg zum Sportunterricht sind. Ich hatte meinen Stoffbeutel kürzlich auch gegen einen Turnbeutel eingetauscht, man muss ja mit dem Trend gehen, aber ich habe ihn dann genauso wie früher sofort in der Tram vergessen.

Als ich am Görlitzer Bahnhof ankomme, geht die Sonne schon wieder unter. Jedenfalls theoretisch, sie hat ja vorher auch schon nicht geschienen. Ich friere in meiner Übergangsjacke und den Halbschuhen. Freundliche junge Herren bieten mir wie immer Gras und andere Drogen zum Aufwärmen an. Sie tragen heute seltsamerweise alle schwarze Anzüge und Krawatten. Außer einem, der in einem ausgewaschenen Bademantel an einem Baum lehnt.

Ich könnte mich umbenennen lassen, denke ich. In Kai-Uwe Kling. Oder Justus Fischer. Marc Martschinkowsky würde nichts bringen, denn Maik ist ja noch unerfolgreicher als ich.

»Einen ganz ähnlichen Witz haben Sie kürzlich schon einmal in einem Text gemacht«, sagt der Lektor in meinem Kopf.

»Bin ich eigentlich schizophren?«, frage ich ihn.

»Sie schon, ich aber nicht«, sagt der Lektor.

»Stellen Sie sich vor, Sie sind Lektor und heißen Hektor«, sage ich. ›Guten Tag, Herr Lektor Hektor‹, das wäre schon ziemlich witzig.«

»Wollen Sie jetzt Gras oder nicht?«, reißt mich der junge Herr im Anzug vor mir aus meinen Gedanken.

»Warum nicht«, sage ich. »Vielleicht werde ich ja vom Kiffen etwas munterer.«

Der Grasverkäufer zeigt mir den Vogel – aber holt schließlich ein Tütchen mit Gras hervor.

»Warum tragen Sie eigentlich einen Pyjama unter Ihrer Übergangsjacke?«, fragt er mich nach der Transaktion.

Ich deute auf den dunklen Himmel über uns. »Es ist doch schon wieder Nacht.«

»Die Kunden werden auch immer verrückter«, sagt der junge Verkäufer zu seinem Kollegen. »Lass uns jetzt endlich losgehen, sonst kommen wir noch zu spät in die Oper.«

Ich nehme die U-Bahn nach Hause. Das Bett ist noch warm, als ich mich hineinlege und einen Joint anzünde.

»I'm so alive, so alive«, summe ich vor mich hin und schlafe friedlich ein.

Julius Fischer

LAKE SHIP

»Was für eine Scheiße machen die Typen da gerade?«, sagte der redaktionelle Leiter der Live-Talkshow *Lake Ship* fünf Minuten vor dem Ende der Sendezeit. »Die Vögel sollten doch nur Werbung für ihre Sendung machen, und jetzt fackeln sie uns das Studio ab.«

Lake Ship war eine sehr erfolgreiche Talkshow. Das Publikum, sowohl vor den Fernsehern als auch vor Ort, war im Schnitt über siebzig, die Moderatoren waren nette, farblose Plaudertaschen und die eingeladenen Gäste waren bestrebt, sich selbst und ihr neuestes Projekt möglichst farbenfroh und sympathisch darzustellen. Natürlich hatte es in den fünfzehn Jahren Sendungsgeschichte auch Skandale gegeben, aber die beschränkten sich auf angetrunkene Rockstars und den Herzinfarkt eines Schauspielers vor laufender Kamera, der sich im Nachhinein glücklicherweise nur als sehr hartnäckiger Schluckauf erwiesen hatte. *Lake Ship* war für Gäste und das gesamte Team eine sichere Nummer. Vor etwa fünf Jahren war man vom ursprünglichen Drehort, einem ausrangierten Dampfer im Senftenberger See, ins Fernsehstudio gewechselt. Nur der Name war geblieben.

»Was soll ich denn jetzt machen? Ich hab Schiss!«, wisperte von Toppenhagen, der männliche Part des Moderatorenduos, über sein Headset, während der Einspieler zu den letzten beiden Gästen lief.

»Beruhige dich, Vau Teh!« Redaktionsleiter Schmalkost durfte den Moderator Vau Teh nennen. Sie hatten ein sehr gutes Verhältnis.

»Versuch, sie dumm dastehen zu lassen«, hörte von Toppenhagen es aus seinem Knopf im Ohr rasseln. Schmalkost war starker Raucher.

Es hatte ihm von Anfang an nicht geschmeckt, dass die beiden Vollidioten ausgerechnet in seiner Sendung Cross-Promo machen mussten. Anweisung von oben: »Die machen so ne flippige Wissenssendung. Wir wollen schließlich jüngeres Publikum generieren.«

Die neue Sendung hieß *Wissen ist Ih!* und war eine Mischung aus Information und Comedy, klassisches Infotainment, auf welches die ÖRD (Östlichste Rundfunkanstalt Deutschlands) angewiesen war, um mit den anderen dritten Sendern in irgendeiner Form mitzuhalten.

»Uns sterben die Zuschauer weg. Und zwar nicht sprichwörtlich, in echt. Zwei Tote pro Volksmusiksendung«, sagte der Fernsehdirektor, wann immer man ihn fragte. Oder nicht fragte.

Die Jugendoffensive hatte viele Gesichter. *Spaghetto*, eine Kochsendung mit Jugendlichen aus Problembezirken, ein bunter Humor-Abend namens *VEB Comedy* und eine Liveshow des YouTubers Sascha2000.

Und nun also *Wissen ist Ih!*. Schmalkost dachte nach; wie konnte man den Schaden begrenzen? Ein Gespräch zwischen den anderen Gästen zu initiieren, das brachten seine Moderatoren nicht fertig. Rein intellektuell. Außerdem waren alle noch zu entsetzt von dem misslungenen Experiment, was die beiden Kasperköpfe am Anfang ihres Interviews spontan durchgeführt hatten.

Spontaneität im Fernsehen war eigentlich immer Quatsch. So auch hier. Der runde Set-Tisch war zerbrochen und qualmte vor sich hin, die FDP-Politikerin hatte eine Schnittwunde am Arm und der DDR-Barde versuchte mithilfe eines Feuerwehrmannes, die Flammen in seinem Bart zu bändigen.

Der Einspieler war fast zu Ende.

Was hätte Schmalkost jetzt für eine Raucherpause gegeben. Aber es war ja eine Livesendung, er konnte nicht weg. Neben ihm stand der Produzent der Wissenssendung. Er würdigte ihn keines Blickes. In den letzten Monaten waren sie mehrfach aneinandergerasselt. Aber nun hatte Schmalkost ein gutes Argument.

»Ihr seid jung, ihr seid wild, ihr seid witzig!«, sagte von Toppenhagen zu den beiden Möchtegern-Moderatoren.

»Na ja, witzig?«, murmelte der Ost-Sänger, der auf seinem Kinn herumklopfte.

Dem dickeren der beiden »Moderatoren« entging das nicht.

Er sagte leise: »Tschuldi!«

Sein Kollege, der eine Hornbrille trug, exte seine Weinschorle und rief: »Ja, tut uns leid, wenn der Funke nicht übergesprungen ist.«

Niemand lachte. In einer der hinteren Reihen kippte eine sehr alte Zuschauerin vom Stuhl. Kiki Schiller, die Moderatorin, schaltete sich ein.

»Ich habe gelesen, dass ihr große Fans von Mike Birne seid, der nächste Woche die Bronzene Katze moderiert, den ostdeutschen Fernsehpreis.«

Mike Birne, der bis eben ein wenig gedöst hatte, setzte sich kerzengerade hin und sprach: »Das stimmt, liebe ÖRD-Zuschauer, schalten Sie nächste Woche ein, ich moderiere den ostdeutschen Fernsehpreis, die Bronzene Katze.«

Dann sackte er wieder in sich zusammen.

»Hähä, vielen Dank Mike!«, sagte die Moderatorin. »Also ihr seid ja Fans von Mike, und jetzt habt ihr die Gelegenheit, ihn mal total persönlich und hautnah nach ein paar Moderationstipps zu fragen.«

Erwartungsvolle Stille.

»Äh …!«, sagte der Dicke.

»Ist Birne eigentlich ein Künstlername oder heißt deine Mutter Helene? Birne Helene, vastehste?«, fügte sein Kompagnon an.

Was für kleine Pisser, dachte Schmalkost. Der Dicke kriegt kaum den Mund auf, dafür redet der andere für zwei. Und nur Mist. Wenn sie wenigstens lustig wären. Oder etwas Interessantes zu erzählen hätten.

Er sprach in sein Mikro: »Jetzt nicht aufhören, unsere Zuschauer fangen an, sie zu hassen!«

Vau Teh meldete sich zu Wort: »Aha. Und warum sollte man, eurer Meinung nach, eure Sendung gucken?«

»Puh, ich habe keine Ahnung!«, sagte der Brillenträger. »Ich gucke privat kein Fernsehen!«

Eisige Stille. Schmalkost grinste, flüsterte: »Jackpot!« und rannte in die Bildregie.

»Harry!«, sagte er zum Regisseur. »Ich will die beiden in Großaufnahme, schön nah dran, damit man die Pickel sieht.«

»Eure Sendung heißt ja *Wissen ist Ih!*. Heißt das, dass ihr Wissensvermittlung und Wissensansammlung prinzipiell ablehnt?«, beendete Vau Teh resolut das Schweigen.

»Na ja, das ist so nicht ganz richtig«, sagte der Bebrillte. »Die Hauptaussage unserer Sendung ist ja, neben den Experimenten, dass es gar nicht mehr wichtig ist, viel zu wissen, sondern dass, auch bezogen auf unsere Generation, man eigentlich nur wissen muss, wo Wissen zu finden ist. Wir sind die Generation W.«

Das war zumindest mal etwas Inhaltliches, dachte Schmalkost. Wenn auch viel zu schnell vorgetragen.

»Ich dachte, ihr seid die Generation Y«, sagte die Moderatorin.

»Why heißt das!«, sagte die Brille.

»Warum?«

»Moment. Ich gucke bei Wikipedia.« Er griff in die Jackentasche. Zwei Security-Männer kamen mit großen Schritten auf ihn zu. Aber er zog nur sein Smartphone.

»Also, in a nutshell: Die lebenden Generationen werden wie folgt eingeteilt: Die älteste Gruppe sind die Matures, die Reifen, zusammen mit der nachfolgenden Kohorte der Babyboomer bilden sie eure Zielgruppe. Ihr ganzes Leben dreht sich nur um Kriegsschuld oder ihre DDR-Vergangenheit. Sendungen wie diese hier gelten diesen Menschen als wohltuende Betäubung. Ihr beiden«, er zeigte auf die Moderatoren, »gehört zur Generation X. Charakteristisch ist bei euch die fehlende ökonomische Sicherheit eurer Eltern und deren daraus resultierende Resignation. Ihr sucht euch vorwiegend schlecht bezahlte Jobs im Dienstleistungssektor und verfügt weder über Elan noch Visionen. Offensichtlich.«

Den Moderatoren klappte der Mund auf.

»Die Generation Y wird durch Schlagworte wie Bildung, Technologie, Freundschaft und Sinnsuche näher beschrieben. Der jüngsten Generation, der Generation Z, geht es vor allem um Selbstdarstellung und Information. Und an der Schnittstelle setzt unsere Sendung an.«

Die Moderatorin hielt sich den Kopf.

»W steht also wofür?«, wollte sie wissen.

Der junge Mann mit der Brille sah sie an und wurde rot.

»Was ist das denn für eine Frage? Habe ich doch gerade erklärt. W steht für«, er machte eine dramatische Pause, »Hitler.«

Dem Dicken brach der Schweiß aus.

Schmalkost sah auf den Quotenmonitor. Die Zahlen schossen gerade in die Höhe.

Vauh Teh meldete sich über das Headset: »Er hat Hitler gesagt, was sollen wir nur tun?«

»Das verstehe ich nicht«, sagte Kiki, »Hitler wird doch nicht mit W geschrieben.«

»Meine Fresse, das war ein Witz. Kommt mal wieder runter. Ich dachte, Hitler, das kann man ja mal sagen, das kennen die Zuschauer, da wachen sie vielleicht mal wieder auf.«

Darauf wusste niemand etwas zu sagen.

Die gealterten Stars in der Runde schauten geistesabwesend in die Ferne.

Doch in diesem Moment hob die Aufnahmeleiterin einen Block, auf dem eine 30 stand, das Zeichen dafür, dass die Moderatoren noch eine halbe Minute Zeit hatten, das Gespräch zu beenden.

»Sohoho!« Vau Teh grinste in die Kamera. »Insgesamt redet ihr ja sehr schnell. Ihr habt jetzt noch einmal dreißig Sekunden Zeit, um den Zuschauern so richtig Lust auf eure Sendung zu machen.«

Das Kassengestell zuckte mit den Achseln und trank einen großen Schluck Weinschorle mit abgespreiztem Zeigefinger.

Der Dicke sagte nichts. Seine Augen flackerten unruhig. Er fühlte sich offensichtlich unwohl. Dann sprach sein Kollege so schnell, dass man Mühe hatte, ihm zu folgen: »Also, wenn ihr Bock habt: Ab jetzt immer jeden Sonntag um 22 Uhr, da kommt *Wissen ist Ih!*. Werdet Zeuge atemberaubender Experimente! Es ist zum Beispiel wissenschaftlich erwiesen, dass man im Fernsehen nicht zu schnell sprechen sollte, weil einen dann das Publikum nicht versteht, Arschlöcher.«

Hat er gerade wirklich Arschlöcher gesagt?, fragte sich Schmalkost. Er war sich nicht sicher. Zum Glück versendet sich so was immer.

Kiki Schiller hatte sich gerade aufgesetzt und lächelte in die Kamera: »Ja, das war *Lake Ship* für diese Woche, danke noch einmal in die Runde, das war ein klasse Abend.«

Von Toppenhagen übernahm: »Liebes Publikum, denken Sie dran, nächste Woche sehen wir uns nicht, da läuft die Bronzene Katze mit Mike Birne.«

»Schalten Sie nächste Woche ein, da moderiere ich die Bronzene Katze«, sagte Mike Birne.

»Wir bedanken uns natürlich auch bei unserem Studiopublikum, Sie waren wie immer eine Wucht. Tschüüüüüüß.«

Ein Bildschirm in der Regie zeigte die letzten Momente der Sendung, unterlegt mit der Titelmelodie.

Die Mikrofone der Gäste waren für Studio und Fernsehen schon abgeschaltet, aber Schmalkost hörte noch mit. Die beiden Störenfriede winkten wie alle anderen in die Kamera. Aber statt »Danke, vielen Dank« oder »Ich bin Mike Birne und moderiere nächste Woche die Bronzene Katze«, sagten sie: »Fickt euch. Fickt euch alle.«

Danach stand noch eine Fotosession an. Schmalkost legte Mikro und Kopfhörer ab und ging eine Zigarette rauchen. Er dachte über den Abend nach. Vor zwanzig Jahren hätte er diese Typen vielleicht witzig gefunden. Diese billige Provokation, das Ungeplante, Spröde. Aber nicht in seiner Sendung. Gutes Fernsehen brauchte Ordnung, Planung, Struktur. Kein spontanes Rumgeeier.

Der Dicke und die Brille kamen raus und steckten sich ebenfalls Kippen an. Sie entdeckten ihn nicht. Gut so. Sie wirkten geknickt.

Nach und nach folgten die anderen Beteiligten der Sendung. Die Moderatoren ignorierten die beiden offensichtlich und unterhielten sich laut über Altersvorsorge, während sie in ihre Porsches stiegen.

Mike Birne machte mit den beiden ein Selfie für Facebook, Bildunterschrift: »Ich bin Mike Birne und ich bin bei Facebook.«

Dann verschwand auch er. Es war niemand mehr auf dem Hof.

Schmalkost überkam ein Schauer. Er war der Redaktionsleiter, er musste sich auch noch verabschieden. Er würde ehrlich sein. Er ging auf die beiden zu und sprach: »Verpisst euch, ihr Spacken. Ich habe die ÖRD mit aufgebaut und werde mir nicht tatenlos mit angucken, wie Wichser wie ihr mein Lebenswerk kaputt machen. Ihr werdet hier nie ein Bein auf den Boden bekommen, das werde ich zu verhindern wissen, selbst wenn ich dabei mit untergehe.«

Er sagte es nur anders.

Er sagte: »Geile Show heute. Man sieht sich!«

Maik Martschinkowsky

UNTER DEM KARDAMOND

Ich sitze in der Küche und spiele mit Gewürzbehältern und -behälterinnen. Meine Mitbewohnerin Lillith kommt rein und schaut mir eine Zeit lang dabei zu, wie ich einige Gewürzstreuer – und -streuerinnen – hin und her schiebe.

»Was machst'n?«, fragt sie.

»Ich schreibe einen Fantasyroman«, sage ich.

Lillith nickt, schüttelt gleichzeitig den Kopf und fängt dann an, sich einen Tee zuzubereiten. Nach einer Weile dreht sie sich doch wieder um.

»Okay, sag es«, sagt sie.

»Was?«, frage ich.

»Weißt du, ich wollte dich so etwas eigentlich gar nicht mehr fragen, weil ich ahne, dass die Antwort irgendwie lang und seltsam sein wird, aber was zur Hölle hat das mit unseren Gewürzen zu tun?«

»Na ja«, sage ich, »mir ist aufgefallen, dass Gewürznamen sich super für einen Fantasyroman eignen. Pass auf: Das hier«, ich hebe einen Streuer hoch, »ist der junge Koriander aus Curcuma, der Held unserer Geschichte. Er verlor seine Eltern bei der Schlacht von Garam Masala und wurde daraufhin von umherziehenden Galganten aufgenommen. Bei ihnen lernte er die Kunst des Safran und war auf dem besten Wege, ein mächtiger Harissa zu werden. Er liebstöckelte mit der zauberhaften Cayenne und alles war in Butter. Doch dann fiel der finstere Drache Estragon über den Stamm her und tötete die arme Cayenne. Das verbitterte Koriander gar sehr und er zog auf Rache sinnend durch die Lande Majorans.

Eines Tages erfährt er durch das Oreganakel von Cumin, dass es auch Estragon gewesen war, der seine Eltern filetierte, und dass dieser unter der Herrschaft des hinterlistigen Thymian stehe, dem eifersüchtigen Halbbruder des Vaters von Koriander, welcher von der Familie immer wie eine Pimpinelle behandelt wurde, aber nun versuchen wollte, die Weltherrschaft an sich zu reißen. Er kontrolliere den Drachen Estragon durch Kerbel, eines der mächtigen

Zwillingsschwerter, welche, wenn sie beide vereint, ihren Träger unbesiegbar machen. Koriander müsse sich alsbald, und zwar ein bisschen piri piri, auf die Suche nach dem zweiten der Zwillingsschwerter begeben, dem Schwerte Dill, aus den Kräutern der Provinz, und dieses finden, bevor Thymian es täte.

Koriander schart einen Haufen treuer Gefährten und Gefährtinnen um sich, als da wären: Kalmus, ein verstoßener Muskat aus dem Hause Tandoori, Stevia, eine mächtige Hexe von den Teufelskrallen, und Ras el-Hanout, ein Waldmeister aus Ysop. Zusammen erleben sie allerlei pikante Abenteuer und könnten schlussendlich die Lorbeeren süßer Rache einstreichen, wäre da nicht Anis Ajowan …

›Unter dem Kardamond‹, eine geschmackvolle Geschichte mit der richtigen Mischung aus Schärfe und Sanftheit, mit einem exotischen Duft von Weltliteratur. – Der interessante Auftakt zur Ing-War-Trilogie. – Wie findest du das?«, frage ich.

Lillith blinzelt. »Es fehlt ein bisschen Salz«, sagt sie.

Marc-Uwe Kling

BIS EINER HEULT

Ich sitze auf der Couch und gucke Fernsehen. Es läuft ein Quiz. »Wie heißt die große Partei rechts von der Mitte?«, fragt der Quizmaster.

»Die SPD?«, rät der Kandidat.

»Das ist richtig!«, ruft der Quizmaster.

Das Känguru kommt herein.

»Statt hier faul auf der Couch abzuhängen, könntest du lieber mal das Bad putzen«, meckert es. »Und zwar yolo.«

»Ich habe das vage Gefühl, dass du diese Jugendslangabkürzung gerade nicht im richtigen Kontext benutzt hast.«

»Was?«

»Du meintest sicherlich: ›Und zwar asap.‹ Also as soon as possible.«

»Nein. Ich meinte yolo«, sagt das Känguru zickig.

»Was hat denn ›you only live once‹ mit Badputzen zu tun?«

»Nun äh … wenn du jetzt nicht das Bad putzt und ich dich deswegen totboxe, dann wirst du nicht wiedergeboren werden.«

Ich stehe auf, nehme mein Plastiklichtschwert aus der Aufhängung an der Wand und sage: »Versuch's doch.«

»Hast du heute eigentlich schon in deinen Adventskalender geguckt?«, lenkt das Känguru ab.

»Wassen für en Adventskalender?«, frage ich verwundert.

»Ich habe dir doch einen Adventskalender gebastelt!«

»Echt?«

»Bin nicht ganz pünktlich fertig geworden, aber es kommt von Herzen«, sagt das Känguru und führt mich in die Küche.

An der Pinnwand hängen mit Filzstift nummerierte Butterbrottüten. Ich greife mir die heutige. Darin liegt ein Zettel. Auf dem Zettel steht: »Du darfst heute das Bad putzen.«

Das Känguru lächelt freundlich.

»Du schenkst mir Mitte Juli einen Butterbrottüten-Adventskalender mit vierundzwanzig blöden Aufgaben?«, frage ich.

»Es sind nur vier Tüten«, sagt das Känguru. »Heute ist doch schon der 21.«

»Ja! Der 21. Juli!«

»Ich verstehe nicht, warum du dich beschwerst. Die meisten Leute kriegen im Juli gar keinen Adventskalender. Außerdem stehen keineswegs nur blöde Aufgaben auf den Zetteln.«

Ich greife mir die morgige Tüte.

»Ey! Das darfst du nicht!«, ruft das Känguru.

Ich reiße die Tüte auf. Auf dem Zettel steht: »Niete«.

Ich greife nach der nächsten Tüte. Das Känguru versucht mich aufzuhalten. Ich reiße ihm die Tüte aus der Pfote. Auf dem Zettel steht: »Du darfst heute gefüllte Eierkuchen machen. PS: Vergiss nicht ein Geschenk für das Känguru zu kaufen. Morgen ist der 24.«

Das Känguru hat sich die mit 24 beschriftete Tüte geschnappt und versucht, zurück ins Wohnzimmer zu flüchten. Ich werfe mich ihm in den Weg.

»Nein! Die darfst du noch nicht haben«, ruft das Känguru.

»Gib sie her!«, rufe ich und beginne das Känguru mit meinem Lichtschwert zu schlagen. »Was steht da für eine Frechheit drin?«

»Keine Frechheit!«, sagt das Känguru. »Aua! Du hast da was falsch verstanden! Aua! Es heißt Fest der Liebe, nicht Fest der Hiebe!«

Die Tüte fällt auf den Boden.

»Bis einer heult«, sagt das Känguru. »Das war ganz schön lol von dir.«

»Wieder nicht der richtige Kontext«, sage ich, lasse das Känguru los und öffne die kleine Tüte. Darin liegt ein offenbar selbst geschnitztes, jetzt zerbrochenes Jo-Jo und ein Kärtchen. Auf dem Kärtchen steht: »Für meinen besten Freund. Alles Gute zu Weihnachten. Dein Känguru.«

Meine Augen werden feucht.

»Ich sag ja, bis einer heult …«, sagt das Känguru.

»Ich putz dann mal das Bad«, sage ich seufzend. »Und danach mache ich Eierkuchen.«

»Vergiss das mit dem Geschenk nicht!«, ruft das Känguru.

Sebastian Lehmann

ELTERN UND TECHNIK

Foto

Heute war wieder ein ganz normaler Arbeitstag in meinem Leben als freischaffender Kreativer: Ich habe acht Stunden lang darüber nachgedacht, ob ich mein Facebook-Profilfoto ändern soll. Aber es dann doch gelassen.

Als ich gerade Feierabend machen möchte, bekomme ich eine E-Mail von meiner Mutter. Sie ist leer. Schon wieder. Eine halbe Stunde später vibriert mein Handy. »Hast du die E-Mail bekommen? ;) «, fragt meine Mutter per SMS.

Seit in das Haus meiner Eltern erst Handys und dann das Internet eingezogen sind, werde ich auf allen Kanälen zugespamt. Früher musste ich einfach nur das Festnetztelefon ignorieren. »Seltsam«, sagte meine Mutter damals, »immer wenn wir anrufen, bist du nicht zu Hause.« Sie wusste nicht, dass Telefone auch die Nummer des Anrufenden anzeigen können. Meine Eltern hatten sogar einen eigenen Klingelton. Erst eine laute Sirene, später hab ich dann von einer *Star Wars*-Fanseite die röchelnde Stimme von Darth Vader runtergeladen: »Ich bin dein Vater.«

»Deine Mail war leer«, schreibe ich zurück.

Vierzig Minuten später kommt ihre Antwort: »Nein.«

Meine Mutter wird immer schneller beim SMS-Schreiben. Inzwischen kann sie sogar schon Satzzeichen. Und damit leider auch Smileys.

Ich schaue mir noch mal die E-Mail an. Tatsächlich hat meine Mutter recht, die Mail ist nicht ganz leer, es gibt einen Anhang: ein Selfie von meinen Eltern. Also, eigentlich nur von meiner Mutter, denn mein Vater ist zur Hälfte abgeschnitten. Nächste Weihnachten gibt's einen Selfiestick, notiere ich mir gleich.

»Papa ist nur halb auf dem Foto drauf«, smse ich meiner Mutter zurück.

Eine Stunde lang passiert nichts. In der Zwischenzeit überlege ich, vielleicht doch mein Profilbild zu ändern, und bearbeite einige Urlaubsfotos, sodass ich schön gebräunt und entspannt aussehe. Schließlich trifft eine neue Mail von meiner Mutter ein. Dieses Mal ist sie wirklich leer. Zwanzig Minuten später kommt die nächste Mail: »Oh, vorhin leider den Anhang vergessen, (:-(« Auch diese Mail hat keinen Anhang.

Ich will gerade den Laptop zuklappen, als mich noch eine Mail erreicht, jetzt mit Anhang, ein neues Selfie von meinen Eltern. Sie machen beide das umgedrehte Peace-Zeichen. Mein Vater trägt seine alte Fliegersonnenbrille und meine Mutter macht einen Kussmund. Jetzt sind sie wirklich zu weit gegangen.

Ich poste das Bild bei Facebook.

Komischerweise finden es alle meine Freunde voll gut. »So coole Eltern hätte ich auch gern«, schreibt jemand. »Crazy Mum and Dad. Lol«, kommentiert meine Oma.

Ich mache schnell auch ein Selfie von mir, mit Kussmund und Peace-Zeichen, und nehme es als neues Facebook-Profilbild. So cool wie meine Eltern bin ich schon lange. Das finden aber dann alle nur total peinlich.

»Werd endlich mal erwachsen!«, kommentiert meine Mutter am nächsten Tag. Dazu ein lachendes Teufel-Smiley.

Video

Meine Mutter ruft an. »Sag mal, Sebastian, ich hab da im Internet dieses eine Video gesehen, kennst du das?«

»Ach, das *eine* Video«, sage ich. »Klar, das hab ich auch gesehen. Spielt da eine Katze mit?«

»Nee, wie kommst du jetzt darauf? Das Video ist mit so einem Mädchen, so ein hübsches blondes Mädchen, das so einen Pottery Slam vorträgt.«

Ich stöhne laut auf. »Du meinst das Video mit Julia Engelmann?« Ich setze mich auf mein Bett. Ich bin auf einmal so müde. »Das hast du *jetzt* entdeckt? Das ist doch schon uralt.«

»Nee, das ist ganz neu«, sagt meine Mutter verwundert. »Von vorletztem Jahr.«

»Im Internet-Zeitalter ist das eine Ewigkeit, Mama. Inzwischen gibt es schon Millionen neuer Videos. Ich empfehle dir das mit der schlecht gelaunten Katze oder das mit dem Affen, der sich selbst in den Mund pinkelt. Die sind auch ganz *neu*.«

»Aber ich meine das von dieser Julia Engelmann. Das find ich sooo schön.« Ich spüre förmlich, wie meine Mutter ein Smiley mit Herzen statt Augen in die Luft malt. »Kennst du die eigentlich? Du machst doch auch so was.«

Ich lege mich aufs Bett und gähne laut.

»Dass man sein Leben nutzen soll, sagt die Julia Engelmann«, sagt meine Mutter, »damit man was zu erzählen hat, wenn man alt ist.«

»Das ist ja dann bei euch jetzt zu spät. Ihr erzählt mir die ganze Zeit nur, wie das Wetter bei euch in Freiburg ist.«

»Gerade regnet's«, ruft mein Vater von hinten ins Telefon.

»Die ist ja auch so hübsch, diese Julia Engelmann«, sagt meine Mutter. »Die wäre doch was für dich.«

»Mama! Ich habe eine Freundin.«

»Ich mein ja nur, weil ihr das Gleiche macht.«

»Mama, ich bin nicht einfach nur Pottery Slammer, ich bin Schriftsteller.«

Meine Eltern beginnen laut und herzlich zu lachen.

»Ich schreibe Bücher, also bin ich ein Schriftsteller«, sage ich trotzig.

»Ich hab letzte Woche das Wohnzimmer gestrichen«, ruft mein Vater. »Bin ich deswegen gleich ein Maler?«

»Und immerhin trittst du doch auf Pottery Slams auf, so wie diese Engelmann«, lässt sich meine Mutter nicht beirren.

»Ich sage dir ja auch nicht, dass du mal was mit dem Günther Jauch anfangen sollst«, sage ich, »nur weil der so wie du auch immer über Politik redet und keine Ahnung hat!«

»Hä, das versteh ich jetzt nicht.«

»Ist auch egal, Mama.«

»Günther Jauch, hihi«, sagt meine Mutter. »Warum nicht?«

»Ich muss dann mal aufhören«, sage ich, »ich wollt noch dieses *andere* Video im Internet anschauen.«

»Oh, das würde ich auch gern sehen!«, ruft meine Mutter begeistert. »Kannst du mir das schicken?«

»Klar, mach ich«, sage ich, lege auf und schicke meiner Mutter eine leere E-Mail.

Eine Stunde später kommt ihre Antwort: » ;) «

Julius Fischer

ICH HASSE MENSCHEN
– *heute: Umzug*

Weil ich mittlerweile übelst reich bin, habe ich mir die Freiheit genommen, meinen Umzug innerhalb Leipzigs von einem lokalen Unternehmen durchführen zu lassen. Das hat natürlich auch noch diverse andere Gründe.

Vierter Stock, sechzig Bücherkisten, keine Freunde.

Und meine Freundin ist auch nicht unbedingt eine Packerin. Also sie hat schon Muskeln, aber eben vor allem im Kopf.

Umzüge haben immer etwas Reinigendes. Der ganze Quatsch, der sich im Laufe der Jahre so angesammelt hat, wird in Kisten verstaut und in den neuen Keller gestellt. Damit wieder Platz ist für Quatsch. Eigentlich ziehen wir jedes Jahr um. Anstatt aufzuräumen.

Die neue Wohnung ist ein Schloss aus Gold. Und komplett eingerichtet. Wir haben alles, was wir besitzen, einfach noch einmal gekauft. Nur aus Gold. Und teilweise Elfenbein. Aber Elfenbein ist ein schwierig zu bearbeitendes Material. Zumindest für die Kinder, die wir dafür angestellt haben. Ich meine, ich hab's versucht. Ich warf einen Elefantenstoßzahn in den Kinderkeller und rief: »Und jetzt macht daraus Tapete. Ihr habt eine Stunde Zeit.« Ich meine, die kriegen dafür Geld. Irgendwann. Nee, Quatsch!

Das Umzugsunternehmen kommt morgens um acht. Ich bin schon am Vortag total aufgeregt und verkalkuliere mich bei der Anzahl verträglicher Weißweine in unserer Stammkneipe. Als der Wecker klingelt, bin ich sehr unfreundlich. Vor allem zu meiner Freundin. Aber auch die Dusche wird beleidigt. »Hör auf zu heulen«, sage ich.

Ich hole Brötchen, Mett und Gouda. Das mögen Möbelpacker. Dann stelle ich die Zutaten in großen Eimern auf die Arbeitsplatte und setze Wasser für Kaffee auf. Das mögen Möbelpacker auch.

Als sie klingeln, was irgendwie männlich klingt, tief und kraftvoll, ist die erste Kanne bereit.

Die fünf Jungs sehen alle aus wie gealterte Wrestler. Muskeln, Latzhosen, keine Shirts. Ihre Körper sind mit Tribal-Tattoos bedeckt. Die sind teilweise so groß, dass sie wiederum Tribals haben.

»Na, da hamse sich ja een Wetterchen ausgesucht, ge!«, sagt der Vorarbeiter, nachdem er den Eimer mit dem Mett vom Mund abgesetzt hat, und dann: »Hamse ooch Zucker fürn Gaffee?«

»Ja, klar, habe ich extra noch gekauft. Normalerweise süßen wir nur mit Stevia. Ach so, Löffel habe ich keine. Die habe ich schon eingepackt«, sage ich und komme mir unnütz vor.

»Keen Problem!«, sagt der Vorarbeiter, nimmt acht Zuckerwürfel, wirft sie in den Kaffee und rührt mit dem Finger um. Also, er hat irgendwie einen Finger dabei, keine Ahnung, ob der von ihm ist.

Vielleicht ist die Weiternutzung abgetrennter Extremitäten Brauch bei Möbelpackern.

Eine ganz spezielle Form von Second Hand.

Die anderen Männer beäugen die French Press misstrauisch.

»Das ist eine French Press!«, erkläre ich. »In Fachkreisen auch Runterdrückkanne genannt. Der Kaffee wird zuerst gebrüht und dann mittels eines sehr feinen Siebes nach unten gedrückt.«

»Der ist aber viel zu heiß«, sagt einer, der eine gewisse Ähnlichkeit mit Hulk Hogan aufweist.

»Der schmeckt ja!«, sagt ein zweiter angewidert.

Sie trinken die Tassen in einem Zug leer, werfen jeder noch ein, zwei Brötchen und ein halbes Kilo Mett hinterher und nutzen den Käse als Serviette.

»Sooou, dann wolln wir mal, um zwölfe is Mittag«, ruft der Vorarbeiter.

Wir gehen durch die Zimmer und erklären unsere Ordnung. Die Packer sind zufrieden.

Dann kommen wir zurück in die Küche.

»Hier, Meister, was muss denn noch alles aus der Küche mit?«

»Nur Kühlschrank und Herd.«

»Ach, na dann.«

Dieses »Ach, na dann« werden wir im Laufe des Tages noch öfter zu hören bekommen. Also vor allem ich. Mit meiner Freundin spricht keiner. Obwohl sie neben mir steht. Vielleicht sind Möbelpacker sehr schüchtern.

Stattdessen bekomme ich zahlreiche Bezeichnungen, immer mit einem vorangestellten »Hier«.

»Hier, Meister ...«

»Hier, Herr Dings, de Waschmaschine?«

»Hier, Kollege, die neue Wohnung ist im zweiten Stock, oder?«

»Nee, erster Stock.«

»Ach, na dann.«

Ob das woanders auch so ist?

»Hier, Genosse Putin, die Ukraine, sollen wir die jetzt komplett annektieren?«

»Nee, erst mal nur den Osten.«

»Ach, na dann.«

Die Packer beginnen zu packen. Wir stehen im Grunde genommen nutzlos dazwischen herum. Ab und an werde ich Dinge gefragt.

»Hier, Freund Blase, die Kiste, soll die mit?«

Er hat »Freund« gesagt.

Ansonsten sind wir damit beschäftigt, aus dem Weg zu gehen und den festgepappten Zucker aus den Kaffeetassen herauszubekommen.

Ab und an streiten sich zwei der Arbeiter.

»Hier, Heiko, hast du eene Zange dabei?«

»Ja, aber komme erst ma her.«

»Ob du ne Zange dabeihast?«

»Jetzt komme doch ma her.«

»Ich brauch ne Zange.«

»Alter, Zwolle, jetzt komme her, ich hab mir den Arm abgeklemmt.«

Dann mache ich den Staubsauger an. Obwohl ich gar nicht saugen muss. Ich bin einfach konfliktscheu.

»Hier, Herr Direktor, haben Sie vllei irgendwo een Pflaster, dem Kollegen hats den Arm abgerissen. Und die ganze Wand ist voll Blut.«

»Das wird eh noch mal gestrichen.«

»Ach, na dann.«

Meine Freundin gibt Zwolle ein paar Pflaster und Küchenrolle und er verschwindet. Nach ein paar Minuten kommt mir wiederum Heiko entgegen, seinen Arm falsch herum ins Schultergelenk gesteckt.

»Das gäiht!«, sagt er, als ich zweifelnd auf die Konstruktion schaue. »Ich darf das nur ni so schwer belasten.«

Er nimmt unseren Kleiderschrank und klemmt ihn sich unter die Achseln. Der Arm hält.

Dann stehen wir wieder herum. Mittlerweile wurden uns selbst die einfachsten Aufgaben abgenommen. Zum Beispiel Rauchen.

Aus Trotz setzen wir uns in den Hausflur und stellen den Packern ein Bein, wenn sie vorbeilaufen. Um wenigstens irgendwas zu tun. Die Männer nehmen das als sportliche Herausforderung.

Plötzlich, nach kaum sechs Stunden, ist alles eingepackt.

Sogar die Fahrräder. Und die Fahrräder der Nachbarn. Und die Nachbarn.

»Hier, mein König, die ham gesagt, dass die mit dazugehören.«

Ich bringe die Nachbarn zurück ins Haus. Es ist eine große Familie. Wie viele Kinder kann man eigentlich haben?

Dann fahren wir ab.

Das Auspacken dauert erwartungsgemäß nur etwa fünf Minuten.

Die meiste Zeit verbringen die Männer damit, mir zu zeigen, welche Beschädigungen im Hausflur nicht von ihnen stammen.

Hin und wieder gibt es Ordnungsfragen.

»Hier, Herr Frodo, die drei Kinder im Flur, sollen die in Zimmer 3?«

»Wir haben keine Kinder.«

Ich schaue in den Hausflur. Dort stehen drei Kinder mit großen Rucksäcken. Verdammte Nachbarn. Meine Freundin ruft ihnen ein Taxi.

Am Ende ist alles sicher in den dafür vorgesehenen Zimmern angekommen. Die Packer verabschieden sich freundlich, ich reiße aus Versehen Heikos Arm noch mal ab, das Blut spritzt, aber so getrocknetes Blut gibt einem Raum ja immer auch Struktur.

Ich bezahle und gebe großzügig Trinkgeld, weil ich einfach wirklich mittlerweile übelst reich bin. Dann kaufe ich den Vorarbeiter.

Vielleicht wird er ja mein erster Freund.

Maik Martschinkowsky

VERWÜNSCHT

Ich laufe durch einen Wald und mache, was man im Wald halt so macht: Ich stolpere über einen Ast und knalle mit dem Kopf an einen Baum. Als ich versuche, mir den Schmerz aus dem Gesicht zu reiben, bemerke ich eine Bewegung neben mir. Dort schwirrt eine kleine leuchtende Frau, die von surrenden, glitzernden Flügelchen in der Luft gehalten wird. Sie hat einen winzigen Stab, an dessen Ende ein Stern befestigt ist, in einer Hand. Mit der anderen winkt sie mir zu.

»Nee, is klar«, sage ich. »Geht man einmal in den Wald, trifft man auch gleich eine Fee.«

»Hallo«, sagt sie mit fiepsiger Stimme. »Genau. Ich bin eine gute Fee, und du hast drei Wünsche frei! Toll, oder?«

Ich blinzle sie an und denke eine Weile lang darüber nach. »Äh … warum?«

Die kleine Fee zuckt mit den Schultern. »Du bist zufällig in meinen Feenring getreten.« Sie deutet auf eine ringförmige Ansammlung von Pilzen am Boden. »Jetzt darfst du dir halt was wünschen.«

»Jeder, der in deinen Garten trampelt, darf sich was wünschen, oder wie?«

»Ja. So läuft das eben. Ich hab die Regeln nicht gemacht.«

»Weißt du, was ich glaube: In Wirklichkeit bist du eine Amazon-Drohne und möchtest mir was verkaufen.«

Die Fee zieht irritiert die Stirn in Falten. »Was ist das denn für eine abwegige Unterstellung? Ich meine, wie soll so was denn funktionieren?«

Ich zucke mit den Schultern. »Du musst dir an meiner Stelle folgende Frage stellen: Ist es wahrscheinlicher, dass ich bei einem Waldspaziergang zufällig den Vorgarten einer Feenbehausung zertrample und dafür auch noch belohnt werde, oder dass irgendein internationaler Großkonzern versucht, mittels perfider Tricks Kunden zum Kauf seiner Waren zu bringen?«

Die Fee seufzt. »Ich bin keine Drohne, okay. Ich bin eine echte, richtige, gute Fee. Und wenn du dir jetzt mal was wünschst, kann ich dir das vielleicht auch beweisen, insofern du dich nicht ganz blöd anstellst. Wobei das die meisten Typen tun, muss man sagen …«

Ich nicke. »Gut, dann wünsche ich mir als Erstes, unendlich viele weitere Wünsche frei zu haben.«

Die Fee verdreht die Augen. »Das geht nicht.«

»Warum nicht?«

»Das steht in den Nutzungsbedingungen. Drei unmittelbar erfüllbare Wünsche, mehr nicht.«

»Warum?«

»Warum, warum: Weil es nun mal so ist. Ich hab die Regeln nicht gemacht.«

»Wer hat die Regeln denn gemacht?«

»Die erste Oberfee, was weiß ich, ich mein, was ist denn mit dir los, da kommt eine Fee, will dir drei Wünsche gewähren, und du fängst erst mal an zu diskutieren!«

»Ich hab halt viele schlechte Erfahrungen mit sogenannten Serviceleistungen gemacht.«

»Ich bin keine Serviceleistung! Und jetzt wünsch dir endlich was!«

»Du bist aber eine ganz schön ungeduldige Fee.«

»Vor allem bin ich eine Fee. Ich muss Wünsche erfüllen. Und ich sag's dir ganz ehrlich – ich mag das nicht. Deshalb möchte ich das so schnell wie möglich hinter mich bringen, kapiert? Also.«

»Moment mal, willst du damit sagen, du wirst zur Arbeit gezwungen?«

»Nein. Doch. Egal. Ich kann halt nicht anders. Und wenn du so weitermachst, sorge ich zumindest dafür, dass du dir wünschen wirst, mich nie getroffen zu haben!«

»Geht das anderen Feen auch so? Ich mein, dann könntet ihr doch eine Gewerkschaft oder zumindest einen Betriebsrat gründen.«

»Es gibt niemanden, der uns dazu zwingt! Wir können einfach nicht anders!«

»Wie wäre es dann mit einer Art Selbsthilfegruppe?«, frage ich.

»Jetzt wünsch dir was!!!«, brüllt die Fee, während sie die Hände zu Fäustchen ballt.

»Okay, okay. Lass mich kurz überlegen. Es gibt da bestimmt eine Optimalkonfiguration von Wünschen …«

Die Fee gibt ein genervtes Brummen von sich, schwirrt zu einem Baum und tritt wutentbrannt dagegen. Das sieht niedlich aus. Aber der Baum fällt um. Ich schlucke. »Okay, okay … ich wünsche mir, dass alle Menschen ein angst- und sorgenfreies Leben führen können, sich solidarisch mit und zueinander verhalten und äh … man allerorts korrekt zubereiteten, qualitativ hochwertigen grünen Tee bekommt. Obwohl, nee, Blödsinn. Streich das Letzte. Dass niemand mehr Fleisch isst, wäre der dritte.«

Die Fee flattert vor mein Gesicht packt mich am Kragen und funkelt mich finster an. »Das. Geht. Nicht«, presst sie zwischen den Zähnen hervor. »Das sind Wünsche, die andere Leute betreffen. Das könnte mit deren Wünschen kollidieren.«

»Gut, äh … dann wünsche ich mir, dass sich alle Leute ein angst- und sorgenfreies Leben, ein solidarisches Miteinander und Fleischverzicht wünschen und diese Wünsche auch erfüllt werden. Wenn das für zwei gilt, würd ich dann doch noch mal auf den Tee zurückkommen.«

Die Fee atmet fauchend ein, während sie noch etwas höher schwebt und ihr Gesicht auf meine Nase presst. »Pass auf. Du wünschst dir jetzt etwas ganz Einfaches. Was nur dich betrifft. Einen Haufen Gold, ein übertrieben großes Auto, meinetwegen auch eine Schachtel gesunder Zigaretten oder ein Bier, das nie leer wird. Is mir scheißegal. Aber tu dir den Gefallen und lass es was Einfaches sein!!!«

»Du hast drei Wünsche frei, aber nur solange sie ausschließlich dich betreffen und keine direkten Auswirkungen auf andere haben? Bist du so was wie eine neoliberale Fee? Quasi eine FDFee? Gibt es auch eine kommunistische Fee? – Die würde meine Wünsche bestimmt erfüllen.«

Die Fee ballt ein Händchen zur Faust und holt aus.

»Ich wünsche mir, dass du sofort damit aufhörst!«, jammere ich.

Die Fee lässt mich los, fliegt ein Stück zurück und klopft sich ein bisschen Feenstaub von den Kleidern. »Gut. Macht noch zwei.«

»Ähm … keine Ahnung, ich kann mich unter Stress so schlecht konzentrieren. Ich würd mir ja gern was wünschen, aber …«

»Gewährt. Noch einer übrig.«

»Hey, Moment! – Das war doch gar kein Wunsch!«

»Das kannst du ja versuchen, bei der Oberfee zu reklamieren.«

Ich öffne den Mund und schließe ihn wieder. Die Fee schaut mich lauernd an.

»Ookay …«, sage ich langsam. »Dann wünsche ich mir … dass mir Geschichten ohne Ende einfallen … Halt, nein anders: Ich meinte, dass mir endlos Geschichten einfallen!«

»Zu spät«, sagt die Fee hämisch grin

Sebastian Lehmann

DAZWISCHEN

Zwischen den Jahren fühlt sich an wie die zwei Schulstunden, die man geschenkt bekam, weil kurzfristig der Mathelehrer krank geworden war oder der Direktor unerwartet Hitzefrei verkündet hatte. Eine ganz ähnliche Stimmung wie im Club, wenn einem einfiel, dass heute die Zeit umgestellt wurde und es gar nicht sechs war, sondern erst fünf – und im Prinzip die ganze Nacht noch vor einem lag. Oder der 29. Februar in Schaltjahren. Das ist der eine Teil. Der andere ist das Gefühl wie an verkaterten Sonntagnachmittagen nach der großen Party. Man liegt auf dem Sofa vor dem Fernseher, isst ekliges Essen vom Inder und guckt das *A-Team* oder *Sissi* oder beides. Das zusammen ergibt dieses tatenlose Vakuum, das zwischen Weihnachten und Silvester herrscht. Die eine Minute, die man innehält, bevor alles wieder losgeht.

Am 26. Dezember komme ich zurück nach Berlin. Die Stadt ist leer. Ein Doppeldeckerbus der BVG fährt an mir vorbei, hell erleuchtet wie ein umherfahrendes Einfamilienhaus. Es sitzt niemand darin. Ich war eine Woche zu Hause bei meinen Eltern. Jetzt fühle ich mich fett. In meinem Koffer lagern unzählige Schokoweihnachtsmänner, selbst gebackene Plätzchen, Lebkuchen und Wiener mit Kartoffelsalat. »Das muss ja jetzt weg«, hatte meine Mutter gesagt.

Schläfrig schaukle ich mit der U-Bahn nach Hause. Es ist stockdunkel. Zwischen den Jahren wird es im Grunde gar nicht mehr hell in Berlin. Die Sonne scheint aus Prinzip nicht an diesen fünf Tagen bis Silvester.

Der Weihnachtsbaumverkaufsstand am Nollendorfplatz liegt verwaist im fahlen Licht der Straßenlaternen. Eine einsame Tanne steht noch da. Sie ist ziemlich krumm, wahrscheinlich wollte sie deswegen niemand. Irgendwie macht mich das sehr melancholisch. Ich nehme ein paar Schokoladenkugeln aus meiner Tasche und hänge sie an die dürren Äste.

In meiner Wohnung ist es kalt. Im Haus gegenüber brennt in keiner Wohnung Licht. Ab morgen wird sich Berlin langsam wieder füllen, erst kommen die Zugezogenen zurück, dann, je näher Silvester rückt, fallen die Touristen in die Stadt ein.

Als ich schon im Bett liege, bekomme ich eine SMS. »Was machst du eigentlich an Silvester?«, schreibt Claudius. Seit ich selbst für die Abendplanung an Silvester verantwortlich bin und es nicht mehr außergewöhnlich ist, so lange wach bleiben zu dürfen, habe ich kein gutes Silvester mehr erlebt. Wie viele Jahreswechsel musste ich in Schlangen vor überfüllten Clubs, desorientiert in fremden Städten oder einfach sinnlos frierend auf irgendeiner Straße verbringen?

Ich schreibe Claudius zurück, dass ich dieses Jahr an Silvester zu Hause bleibe.

»Wie jedes Jahr?«, antwortet er sofort.

Am 27. Dezember gehe ich in den Tiergarten joggen. Der Park ist natürlich ebenfalls menschenleer. Hinter den kahlen Bäumen schimmert das Brandenburger Tor. Dort wird schon kräftig gehämmert und gezimmert für die große Party.

Irgendwann tauchen ein paar Hunde und ihre Besitzer auf. Die Köter verfolgen mich gewohnheitsmäßig und hinter mir bildet sich ein vielstimmiger Chor aus Herrchen und Frauchen: »Der macht nichts. Der macht nichts.« Ich denke an meinen joggingerfahrenen Bruder, der mir geraten hat, zum Laufen immer zwei Pfeffersprays mitzunehmen. Eins für die Hunde und eins für die Besitzer.

Ich bleibe einfach stehen. Damit haben die Hunde nicht gerechnet. Sie brechen ihre Verfolgung verstört ab und bellen mich ein wenig an.

»Wollen Sie Ihre Bulldoggen nicht anleinen?«, frage ich das Herrchen.

»Ach, die könnte ich sowieso nicht halten, wenn sie einen Jogger anfallen.«

»Dann bin ich ja beruhigt«, sage ich.

»Und was machen Sie an Silvester?«, fragt mich der Hundehalter, während er den Bulldoggen ein paar rohe Fleischstücke zuwirft.

Ich hole mein Pfefferspray aus der Tasche.

Am 28. Dezember schneit es ein wenig. Ich freue mich und fahre nach Kreuzberg. Die Schlesische Straße liegt wie im Winterschlaf. Fast alle Bars und Hostels sind verrammelt, nur ein paar Berliner laufen gut gelaunt umher. »Wie vor '89«, rufen sie freudig. Zwischen den Jahren stelle ich mir auch vor wie Westberlin in den 80er-Jahren. Der Schnee hat sich mittlerweile in graue Matsche verwandelt und vermummte Kinder bewerfen sich damit, so gut es geht. Der Winter ist auch nicht mehr das, was er mal war.

Auf dem Heimweg entdecke ich dann doch die erste Touristengruppe. Einige Jugendliche mit Proletenhintergrund jagen sie mit Böllern und Raketen bewaffnet gerade über die Warschauer Brücke. Ich biete den Jugendlichen mein Pfefferspray an. Sie bedanken sich artig.

Wieder zu Hause sehe ich mir Skispringen im Fernsehen an. Ich kann mir kaum eine langweiligere Sportart vorstellen. Darts vielleicht. Ich schalte um, auf Sport 1 kommt tatsächlich Darts. Dicke Männer mit roten Nasen werfen Dartpfeile auf eine Scheibe, das undurchsichtige Wertungssystem verstehe ich nicht. Ich starre trotzdem gebannt auf den Bildschirm und auf eine seltsame Art bin ich glücklich.

Am Abend erreichen mich die ersten Rundmails. Der Betreff enthält immer das Wort »Silvester«. Ich lese die erste Mail. Jemand schlägt vor, bei irgendeinem bekannten Model auf einem Hausdach das Feuerwerk anzuschauen. Ich lösche die Mail sofort.

Am Morgen des 29. Dezember lassen ein paar Kinder aus dem Hinterhaus Böller in Gullis fallen. Der dumpfe Knall scheint ihnen sehr gute Laune zu bereiten.

»Könnt ihr mal damit aufhören, ihr Vögel!«, rufe ich aus dem Fenster.

Die Kinder antworten mit Böllern. Wir stehen auf Kriegsfuß, seit ich ihnen an Halloween die veganen Dinkel-Cracker aus dem Biomarkt geschenkt habe.

Abends gehe ich noch mal zum Nollendorfplatz. Jemand hat an die einsame Tanne noch ein paar Lamettafäden zu meinem Schokoladenschmuck gehängt und eine alte rote Weihnachtskugel.

Auf dem Heimweg klingelt mein Handy. »Hast du einen Raclette-Grill?«, fragt Claudius ohne Gruß.

»Ich hasse Raclette«, sage ich. »Und Fondue auch. Außerdem bleibe ich dieses Jahr an Silvester zu Hause.«

»Sollen wir dann einfach zu dir kommen?«

Ich lege sofort auf. Um mich zu beruhigen, schaue ich mir den zweiten Teil von *Sissi* an. Dabei weine ich ein wenig. Das tut gut. In der Nacht explodiert mein Briefkasten. Ich höre die bösen Kinder laut lachen und schlafe einfach weiter.

Am 30. Dezember mache ich rein gar nichts.

Der 31. Dezember ist der kälteste Tag des Jahres, sagen sie in den Nachrichten. Das wird er auch bleiben. Es schneit wieder, und dieses Mal bleibt der Schnee liegen – sogar auf der einsamen Tanne am Nollendorfplatz. Sie sieht jetzt wirklich sehr weihnachtlich aus.

Am Nachmittag klingelt mein Bruder. Er hat Bier mitgebracht. Wir setzen uns vor den Fernseher und gucken zusammen ein bisschen Loriot.

»Du willst nicht wirklich allein zu Hause bleiben, oder?«, fragt er irgendwann. Ich antworte nicht, und wir sehen schweigend aus dem Fenster. Eine einsame Rakete explodiert am Himmel.

»Wie beim Sex, wenn man zu früh kommt«, sagt er und öffnet ein Bier.

»Es wird furchtbar werden, wie jedes Jahr.« Ich nehme mir auch eine Bierflasche.

Am 1. Januar um 0.00 Uhr sitze ich in einer überfüllten U-Bahn, die seit einer Viertelstunde zwischen zwei Bahnhöfen steht. Meinen Bruder und Claudius habe ich auf dem Weg zum Hausdach verloren. Ich erreiche sie nicht, weil das Handynetz zusammengebrochen ist. Jemand zündet einen Böller direkt neben meinem Ohr. Die große Minute ist vorbei. 0.01 Uhr. Ich nehme einen Schluck abgestandenen Sekt, den mir der Böllerwerfer anbietet. Ein Mädchen übergibt sich auf meine Schuhe.

Nächstes Jahr bleibe ich zu Hause.

Marc-Uwe Kling

DAS TICKET

Wir sind zu Besuch in einer deutschen Stadt, deren Name nichts zur Sache tut, und stehen dort in einem sehr großen, sehr beeindruckenden katholischen Dom. Ja, ja. Köln. Richtig.

»Hast du eigentlich schon mal gebeichtet?«, fragt das Känguru.

»Nee«, sage ich.

»Aber du warst doch mal in dem Verein …«

»Ah. Ich war eher so Mitläufer.«

»Und du warst nie versucht, mal zu beichten?«

»Wem denn?«, frage ich. »Es gibt keinen Gott.«

»Ja, aber wenn doch …«, sagt das Känguru. »Weißte, das Gute is ja – wenn ich das Konzept richtig verstanden habe – man muss einfach nur die ganze Scheiße, die man gebaut hat, dem Kasper im Kasten erzählen, und dann ist auch schon, schwups, alles vergeben.«

»Du meinst, wir sollten einfach auf Nummer sicher gehen, falls es doch einen Gott gibt?«

»Kost ja nix«, sagt das Känguru.

»Nicht mehr«, sage ich. »Das immerhin hat die evangelische Kirche erreicht.«

»Jo. Konkurrenz verbessert den Service«, sagt das Känguru und hüpft in einen der Beichtstühle. Ich betrete einen anderen Kasten, setze mich, nehme meine Mütze ab und sage: »Hallo … äh … Ihro Gnaden … oder was man so sagt …«

»Gott, der unser Herz erleuchtet«, sagt der Priester, »schenke dir wahre Erkenntnis deiner Sünden und seiner Barmherzigkeit.«

»Ähm … ja, genau. Wie Sie sagen.«

»Wie lange seit der letzten Beichte?«

»Ähm«, sage ich. »Also ich, äh, ich hätte nicht gleich die spanische Inquisition erwartet, äh … hehe … kleiner Scherz … also, nun, ich … äh … bin getauft – zählt das? –, ich, äh, gehe regelmäßig in die Kirche … äh … alle dreiunddreißig Jahre.«

»Erzähle mir deine Sünden, mein Sohn.«

»Eine Frage hätte ich vorher noch.«

»Ja?«

»Sie erzählen das niemandem weiter, was ich Ihnen erzähle, oder?«

»Nein. Natürlich nicht.«

»Auch nicht Ihrer Haushälterin?«

»Nein.«

»Weil es gibt ja viele, die behaupten, dass sie Geheimnisse niemandem weitererzählen, aber bei der Zigarette danach werden sie dann doch gesprächig.«

Der Priester schweigt.

»Das war nur ein Scherz«, sage ich. »Ich weiß doch, dass die allermeisten Priester nicht, äh, rauchen.«

Der Priester schweigt.

»Aber Sie erzählen nix?«, frage ich.

»Nein. Ich gebe dir mein Ehrenwort.«

»Wie Helmut Kohl, wa? Na ja, man kann ja viel über den Mann sagen, aber er steht zu seinem Ehrenwort, wenn es um schmutzige Geheimnisse geht.«

»Ich werde es niemandem erzählen.«

»Auch nicht meiner Mutter?«

»Ich kenne deine Mutter doch gar nicht.«

»Echt nicht?«, frage ich.

»Nein.«

»Das is ja komisch.«

»Wieso ist das komisch?«

»Na, ich dachte nur, wenn ich doch, wie Sie sagten, Ihr Sohn bin, dass Sie dann auch meine Mutter kennen würden.«

Schweigen.

»Aber Sie kennen sie nicht?«, hake ich nach.

»Nein.«

»Na ja. Jeder hat mal ne wilde Phase, schätze ich.«

»Ich möchte nicht ungeduldig scheinen, aber deine Sünden, mein So…«

»Jetzt wollten Sie schon wieder ›Sohn‹ sagen, wa?«

»Nein. Ich wollte sagen: Soldat Gottes!«

»Wie? Gerade noch Sohn und jetzt schon Soldat? Bekomme ich denn gar keine Chance, mich ausmustern zu lassen? Kann ich nicht verweigern?«

»Wir mustern nicht aus. Wir nehmen jeden.«

»Ja, das Gefühl habe ich auch.«

Der Priester schweigt.

»Was passiert eigentlich, wenn ich meine Sünden gebeichtet habe?«, frage ich. »Erlegen Sie mir dann was auf?«

»Ja.«

»Eine Strafe?«, frage ich. »So was wie ne Strafarbeit?«

»Nun ja. Wenn du willst ...«

»Nee, will ich eigentlich nicht ...«

Schweigen.

»Was is das denn so?«, frage ich.

»Nun. Zum Beispiel ein Akt der Nächstenliebe.«

»Muss ich Ihr Auto waschen?«

»Nein, es geht ja nicht ...«

»Auto waschen wäre okay«, sage ich. »Solange ich nicht abspülen muss. Abspülen hasse ich.«

Der Priester schweigt.

»Was ich mich schon immer gefragt habe«, sage ich. »Wenn Sie Ihren ganzen Hokuspokus machen und sich der Wein in das Blut und der Keks in den Leib Christi verwandelt ... Wenn Sie dann – vampirestyle – das Blut trinken, da bleibt ja immer ein kleiner Rest im Glas. Darf man das dann einfach in die Spülmaschine stellen? Oder wäre das ein Frevel? Muss man das von Hand auswaschen? Mit Weihwasser vielleicht?«

»Darum kümmert sich meine Haushälterin.«

»Aha!«, rufe ich aus.

»Was soll das heißen: ›Aha‹?«, fragt er.

»Nichts, nichts«, sage ich.

Schweigen.

»Eine allerletzte Frage noch«, sage ich. »Ich habe mich schon oft gewundert ... Begrüßen sich Ministranten heutzutage mit: ›Na was geht, du Messopfer?‹«

»Nein. Und ich habe auch wirklich ...«

»Okay, okay«, sage ich. »Jetzt die Sünde. Ich, äh, wie soll ich's sagen … ich habe meinen Glauben an Gott verloren. Wobei, ›verloren‹ ist nicht das richtige Wort, weil man ja eigentlich nicht verlieren kann, was man noch nie gehabt hat …«

»Verzeih mir, mein So…rgenkind, aber was tust du dann hier?«

»Ja, gute Frage«, sage ich. »Krass spirituell irgendwie. Was tue ich hier? Frage ich mich oft. Zum Beispiel immer, wenn ich mir wider besseres Wissen einen Film mit Vin Diesel im Kino angucke. Meist so nach der Hälfte frage ich mich dann: ›Was zum Teufel tue ich eigentlich hier?‹ Oh. Sorry. Zählte das schon als fluchen?«

»Ja.«

»Na, sagense mir einfach, wie viel ich nachher dafür in die Sparbüchse werfen soll.«

»Ich meinte eher konkret, warum bist du hier?«, sagt der Priester.

»Hier im Beichtstuhl?«

»Ach so. Nun, das Känguru meint halt, es schadet nicht, zu glauben, weil man damit quasi auf Nummer sicher geht. Also wie wenn man ein Ticket löst, statt schwarzzufahren. Verstehense? Wenn es keinen Kontrolleur gibt, schadet's ja nichts, wenn man trotzdem ein Ticket hat. Nur andersrum is blöd. Obwohl … Wenn's keinen Kontrolleur gibt, hätte man sich statt des Tickets lieber eine Biobrause Pastinake-Lebertran kaufen können. Aber man weiß es halt nicht. Und was die Entscheidung bei der Religionswahl zusätzlich schwierig macht, ist: Man weiß ja nich, welches Ticket man lösen soll. Also welchen Reiseveranstalter nimmt man? Verstehense? Ich fühle mich wie eine Oma vorm Fahrscheinautomat. Wenn ich jetzt nämlich – nur mal hypothetisch – wieder eurem Verein beitreten würde, aber der Kontrolleur ist dann so ein großer Typ mit Elefantenkopf und sagt: ›Dein Ticket ist hier nicht gültig. Törrröt.‹ Das wär ja noch viel blöder, als wenn ich gar kein Ticket hätte, oder?«

»Aber was glaubst du denn, welches Ticket das richtige ist?«

»Ja, das weiß ich eben nicht. Das ist halt ein Glücksspiel, finde ich. Das Känguru hat mir von so ner Sekte in Vietnam erzählt. Caodaisten heißen die, und die kombinieren Elemente aus Christentum, Judentum und Islam mit Buddhismus und Hinduismus. Die glauben quasi an alles. Das finde ich gar nich so schlecht, das ist ja gewissermaßen wie Systemlotto spielen.«

Der Priester schweigt verdächtig lange. Schließlich sagt er: »Jetzt habe ich auch mal eine Frage: ›Wer wurde vom US-Männermagazin Esquire zur ersten ›Sexiest Woman Alive‹ gewählt?«

»Äh … Keine Ahnung? Angelina Jolie?«

»Ja! Richtig! Super. Danke.«

»Was? Warum? Spielen Sie da etwa auf Ihrem Handy Quizduell?«

»Verzeih mir, mein Sohn«, sagt der Priester nach einer kurzen Pause. »Normalerweise belästige ich die Kunden damit nicht, aber das hier könnte mein erstes perfektes Spiel werden. Alle achtzehn Fragen richtig.«

»Ich will Sie nicht desillusionieren«, sage ich, »aber es passiert wirklich gar nichts, wenn man ein perfektes Spiel schafft. Es gibt keinen Tusch, kein nettes Video, keine noch so kleine Glückwunschbotschaft, und man wird auch nicht zu Günther Jauch eingeladen.«

»Das glaube ich nicht«, sagt der Priester. »Das wäre zu enttäuschend. Das würde Gott nicht zulassen.«

Eine ganze Weile sagt keiner was.

»Und?«, frage ich schließlich.

»Was?«

»Perfektes Spiel?«

»Nicht geschafft.«

»An welcher Frage sind Sie gescheitert?«

»Wie heißt der biblische Baum, von dem Adam und Eva im Paradies verbotenerweise Äpfel gegessen haben?«

»Was haben Sie getippt?«, frage ich.

»Apfelbaum.«

»Haben Sie etwa mit Absicht eine falsche Antwort gegeben?«, frage ich.

»Glaube braucht keine Gewissheit«, sagt der Priester.

»Sie sind ja auch eine Glaubens- und keine Wissensgemeinschaft, wa?«

»Genau.«

»Glaube heißt Nicht-wissen-wollen, was wahr ist«, sage ich.

»Nietzsche!«, sagt der Priester.

»Richtig!«, sage ich. »Sehr gut.«

»Die Frage hatte ich letztens erst.«

»Verstehe«, sage ich. »Vielen Dank für das nette Gespräch.«

»Gerne.«

Ich verlasse den Beichtstuhl.

Kurz darauf rennt ein Priester aus dem Kasten nebenan. Er hat sich die Finger in die Ohren gesteckt und singt: »Danke für diesen guten Morgen! Danke für jeden neuen Tag!«

Das Känguru tritt aus dem Beichtstuhl.

»Ey! Sie! Kommen Sie zurück!«, ruft es. »Ich hab doch gerade erst angefangen!«

ANHANG

尊敬的客户

恭喜您购买一个小的艺术家，为整个家庭的乐趣！
在我们开始之前，在几个简单的音符如何处理与他们的新产品。

关闭
-个惊人的外观提供激活您的自由艺术家。
他会感激你，并要求没有其他问题。

饲养，畜牧
- 在他的青春期初期她的小艺术家并不需要太多：有丰富一些免费的饮料和友好的掌声足够的水平。如果你经常照顾他让他缓慢而稳步地持续增长。
- 如果你的小艺术家是很长的时间在工作，但是它的要求逐渐增加。迟早他会要求盖奇，他越发达越好，越长他需要有这种感觉：他将需要更好的性能率，争取获得偿还旅费和日益占据酒店。
在某些时候，他还开发了有趣的特殊要求。是有趣的，看看有没有你的小画家！乳糖，果糖玉米蛋白葡萄糖不耐症？素食饮食没有蔬菜？所有你可以吃 - 减肥早餐吗？或许只有在1.70的观众？
- 重要的是，你的小艺术家总是得到足够的重视！你想知道他得到了他的想法他是否能够谋生，或只是非常私人的事情。然后，他有事，他可以做出反应恼火，增强他的自信心。
确保，但是，不要喂他（见下文）！

故障
- 如果你超喂你的小艺术家，它可以在最坏的情况下发生的，他变成了臭美的喜剧演员，谁重复同样的老笑话，像打嗝。如果是这种情况下，将其设置为严格控制饮食：显示了他的冷遇和批评在他自己的话说，直到他来到他的感觉。
- 如果你的小艺术家长期以来一直在运作，有可能是偶然的擦枪走火或慢性欠压。因此，小画家的阿，你们总是需要更多的时间了，为了继续正常工作。将其关闭，并等待只是一些时间，他们再次激活他。充电时间你得到可以显著如果你把你的小画家这个时间在海滩或在水疗中被缩短。
- 如果你的小艺术家们甚至会破产，因为

你没有给他足够的关注，你可以尝试把他由一个狂热的掌声安可。但请记住：自己的小艺术家频繁复苏可能会导致相当大的磨损和撕

Zur richtigen Verwendung eines Kleinkünstlers

Sehr geehrter Kunde, sehr geehrte Kundin,

herzlichen Glückwunsch zum Kauf eines kleinen Künstlers, ein Spaß für die ganze Familie!
Bevor wir beginnen, ein paar einfache Hinweise, wie Sie mit Ihren neuen Produkten umzugehen.

Betriebnahme:

- Aktivieren Sie Ihren freischaffende Künstlerin vermittelt über eine überraschendes Auftrittsangebot. Er wird Ihnen dankbar sein und keine Fragen mehr.

Füttern und Haltung:

- Zu Beginn seiner Anfang Ihre jungen Künstler brauchen nicht viel: Es gibt einige kostenlose Getränke und freundlichen Applaus ausreichen. Wenn Sie regelmäßig um ihn kümmern, ihn wird weiterhin langsam, aber sicher wachsen.
- Wenn Ihr ein wenig Künstler ist eine sehr lange Zeit bei der Arbeit, aber seine Erforderungen erhöhen. Früher oder später wird er Gage fragen. Und entwickelt er sich viel zum Besseren, braucht er steigend Zusatz. Er wird mehr Menge Zahlung haben wollen, die Erstattung der

Reise brauchen und immer wieder Hotels besetzen.

An eine gewissen Punkt, er auch seltsam spezielle Anforderungen entwickelt. Es ist interessant zu sehen, was es mit Ihre kleine Künstler ist! Lactose-, Fructose-, Glucose-, Maisgluten-Unverträglichkeit? Vegetarisch essen mit keine Gemüse? »All you can eat«-Diät-Frühstück? Vielleicht nur Menschen mit unter 1,70 Längeneinheit in Publikum?

- Es ist wichtig, dass Ihre jungen Künstler immer genügend Aufmerksamkeit erhalten! Wollen Sie von ihn wissen, wo er seine Einfälle hermacht, ob damit er einen Lebensunterhalt sich erarbeiten kann oder fragen Sie nach einfach persönliche Dinge. Dann hat er etwas, worüber er kann reagieren erregt, so was macht Selbstvertrauen.

Stellen Sie sicher, aber nicht ihn zu viel füttern (siehe Defekt)!

Defekt:

- Wenn Sie Ihren kleinen Künstler überfüttern, kann im schlimmsten Fall passieren, würde er selbstgefällig Komiker, das die gleichen alten Witze wiederholt, wie Schluckauf. Wenn dies der Fall ist, ist es eine strenge Diät gesetzt: kalte Schulter

zu zeigen und seien Sie Kritiker in seinen eigenen Worten, bis er wieder zur Besinnung kommen wird.

- Wenn Ihr ein wenig Künstler schon lange in Betrieb ist, kann es zu gelegentlichen Aussetzern oder chronische Unterspannung kommen. So kleine Künstler wenn sie brauchen wiederholend Zeit faul zu sein, um normal weiter zu leisten. Schalten Sie es manchmal aus, und warten Sie für einige Zeit bis Sie ihn wieder zurückaktivieren. Die Ladezeit ist wesentlich verkürzt, wenn Sie Ihre kleiner Darsteller in diese Zeit am Strand oder Wellnessbereiche lagern.

- Wenn Ihre kleine Künstler werden in Zerstörung gehen, weil Sie ihn nicht genug Aufmerksamkeit zu geben haben, können Sie versuchen, ihm von einem frenetischen Applaus auf Zugabe geben zu setzen. Aber denken Sie daran: Ihre ein wenig Künstler häufig Neustart zu machen könnte zu erheblichen Verschleiß führen!

Bühne 36
c/o Lesedüne
SO36 Berlin

Arbeitszeugnis

Herr Marc-Dieter Kling ist für unser Unternehmen zur Herstellung von Kurzgeschichten und anderen leichten Unterhaltungsgütern seit dem 13.08.2005 als Zugpferd tätig. Herr Kling übernahm in unserem Betrieb im Wesentlichen die folgenden Aufgaben:

• Textgestaltung mit sprechenden Tieren
• Liedgut mit drei oder weniger Akkorden

Herr Kling hat sich innerhalb kurzer Zeit in den von ihm selbst gestellten Aufgabenbereich eingearbeitet. Er verfolgte die mit sich selbst vereinbarten Ziele nachhaltig und erstaunlich erfolgreich. Sein Verhalten gegenüber Kollegen und Externen war stets interessant. Arbeitsgeräte, genannt sei im Speziellen der Drucker, beschimpfte er nur selten obszön und manchmal entschuldigte er sich sogar danach. Migränebedingte Arbeitsausfälle waren selten häufiger als zwei bis drei Mal die Woche zu beklagen. Besucher und Anrufer haben sich zufrieden über ihn geäußert.

Wir danken Herrn Kling für die bisher erbrachte Leistung und wünschen uns weiterhin viel Erfolg für sein zukünftiges Berufsleben.

Berlin, 14. Dezember 2015

i. A. Lars Grenius
Impresario

Bühne 36
c/o Lesedüne
SO36 Berlin

Arbeitszeugnis

Herr Sebastian Lehmann, auch bekannt unter dem Namen Sebastiano Lehmano, ist seit der Gründung unseres Unternehmens als teilhabender Kleinkünstler tätlich. Seine Bücher, die er mit großem Eifer und geringem Erfolg verfasst, versucht er in großem Umfang jedem aufzunötigen. Herr Lehmann war unseren Kunden gegenüber stets um Offenheit bemüht und ist mit ihnen in seiner Art zurechtgekommen. Er war zudem immer in der Lage, klare Anweisungen zu geben und alle Arbeiten zu koordinieren, selbst wenn dies weder vereinbart noch in irgendeiner Weise erforderlich war und alle ihn ignorierten. Witze über seine Körpergröße parierte er stets gekonnt, indem er sich zur rechten Zeit wegduckte. Selbstverständlich entsprechen wir dem Wunsch von Herrn Lehmann und bescheinigen ihm unsere relative Zufriedenheit. Wir wünschen ihm auf seinem weiten Weg viel Erfolg.

Berlin, 14. Dezember 2015

i. A. Lars Grenius
Impresario

Bühne 36

Bühne 36
c/o Lesedüne
SO36 Berlin

Arbeitszeugnis

Herr Julius Fischer, geb. Depardieu-Hofreiter, wurde im Sommer 2011 nach einer Urlaubsvertretung für unser Unternehmen im Bereich Moderation übernommen. Herr Fischer tat willig, was von ihm verlangt wurde, sodass man ihm in dieser Hinsicht nichts vorwerfen kann.

Zeitlich war Herr Fischer zudem immer überaus flexibel, wodurch er stets in der Lage war, mehrere Projekte mit gleichem Einsatz zu verfolgen. Bei betriebsinternen Auseinandersetzungen zeichnete sich Herr Fischer durch eine überlegte Zurückhaltung aus.

Seine umfangreichen Anregungen im Bereich Catering wurden stets als Bereicherung empfunden, und durch seine gesellige Art trug Herr Fischer zur Verbesserung des Betriebsklimas bei.

Für seine berufliche Zukunft wünschen wir ihm weiterhin so viel Glück wie bisher.

Berlin, 14. Dezember 2015

i. A. Lars Grenius
Impresario

Bühne 36
c/o Lesedüne
SO36 Berlin

Arbeitszeugnis

Herr Maik Martschikowsky, geboren, ist seit dem 31.05.2006 in unserem Betrieb integriert. Herr Maschinowsky übernahm innerhalb unserer Abläufe im Wesentlichen folgende Aufgaben:

• Da sein

Herr Maschikowy verstand es stets geschickt, Kollegen bei der Erledigung seiner Aufgaben einzubeziehen. Herr Makowsky arbeitetete unter passenden Umständen selbstständig und war in der Lage, auch vorläufige Arbeitsergebnisse übersichtlich zu präsentieren. Die Qualität seiner Arbeit erreichte dabei wiederholt den durchschnittlichen Standard der Arbeitsgruppe. Darüber hinaus konnte man sich darauf verlassen, dass Herr Marschikowy eine einmal erbrachte Leistung auch regelmäßig zu wiederholen bereit war.

Sein kollegiales Wesen sicherte ihm ein Verhältnis zu Mitarbeitern. Seine Auffassungen wusste er immerzu intensiv zu vertreten. Wir danken Herrn Musterfrau für die Zusammenarbeit, er hat die Betriebsordnung häufig eingehalten und ist kaum negativ aufgefallen. Wir würden uns sehr freuen, wenn er sich nach Abschluss seines Studiums für den Berufseinstieg bewerben würde.

Berlin, 14. Dezember 2015

i. A. Lars Grenius
Impresario

Fischer, Kling, Lehmann, Martschinkowsky, Reichert

»Über Wachen und Schlafen«

»Über Wachen und Schlafen« ist ein post-post-ironisches Drama
der Absurditäten: Da wird das Überwachungsmikrofon in den
eigenen vier Wänden zum vertrauensvollen Gesprächspartner,
ein kommunistisches Känguru verfasst Elegien auf die Höflichkeit
oder ein Schläfer radiert die wache Welt aus …

Buch + Audio-CD
160 Seiten
ISBN 978-3-86391-013-6
EUR 14,90

Lese- und Hörproben unter www.voland-quist.de